“四最”风华

——中山县新平乡第九农业生产合作社青年突击队纪实

中山市民众街道文学艺术界联合会　编

中山大學出版社
SUN YAT-SEN UNIVERSITY PRESS
·广州·

图书在版编目（CIP）数据

"四最"风华：中山县新平乡第九农业生产合作社青年突击队纪实 / 中山市民众街道文学艺术界联合会编. 广州：中山大学出版社，2024.12
ISBN 978-7-306-08358-6

Ⅰ. D432.62
中国国家版本馆CIP数据核字第2024PG4944号

"四最"风华：中山县新平乡第九农业生产合作社青年突击队纪实

Sizui Fenghua　Zhongshan Xian Xinping Xiang Dijiu Nongye Shengchan Hezuoshe Qingnian Tujidui Jishi

出 版 人：王天琪
责任编辑：周美玲　马　洁
责任校对：管陈欣
责任技编：靳晓虹
封面设计：广州玖思文化
出 版 社：中山大学出版社
电　　话：编辑部 020-84111996，84111997，84113349，84110779
地　　址：广州市新港西路135号　邮政编码：510275　传真：020-84036565
网　　址：http：//www.zsup.com.cn　E-mail：zdcbs@mail.sysu.edu.cn
发　　行：广州市朗声图书有限公司　电话：020-34297719
印　　刷：湛江南华印务有限公司
规　　格：880mm × 1230mm　1 / 32　4.5印张　97千字
版次印次：2024年12月第1版　2024年12月第1次印刷
定　　价：68.00元

新平乡青年突击队队员（中山市档案馆供图）

2008年11月，毛泽东主席女儿李敏到民众镇参观
（中山市人民政府民众街道办事处供图）

2005年12月1日，时任全国党建研究会会长、中共中央原组织部部长张全景（右二），广东省委副书记刘玉浦（右一），与老一辈青年突击队队员座谈（中山市人民政府民众街道办事处供图）

序

写给青春中国的寄语

在广东省中山市民众街道河网密布的沙仔村，有一处砖红外墙的建筑——新平乡青年突击队公园。

这是标志着中国青春力量的时代坐标。

1955年，毛泽东主席在《中国农村的社会主义高潮》一书中，给《中山县新平乡第九农业生产合作社的青年突击队》一文写下按语：

“青年是整个社会力量中的一部分最积极最有生气的力量。他们最肯学习，最少保守思想，在社会主义时代尤其是这样。”

1954年冬，中山县第一支青年突击队在这里诞生。面对一场罕见的旱灾，中山县新平乡第九农业生产合作社的24名青年组建起青年突击队，投入艰苦的抗灾备耕工作中。他们喊出了“为革命时刻准备着：突击!”的青春口号，完成了一个个“不可能的任务”，迎来了一个个宝贵的农业丰收年，带动新平乡乃至中山县农村掀起社会主义建设的高潮。

少年强则国强。新中国成立初期，以新平乡第九农业合作社青年突击队为代表的中国青春力量是对社会主义建设热烈而整齐的回应。

拨开烟云，一幕幕你追我赶的劳动场景，依然让人热血沸腾；回望历史，一段段激情昂扬的奋斗岁月，依然振奋人心：

梁碧南，原中山县新平乡第九农业生产合作社团小组组长，在久旱未雨、咸潮肆意侵袭的背景下，面对80天内完成6万艇次的“入泥”任务，没有畏难不前，而是提出一个大胆而坚定的建议：以团小组为核心组织广大青年参加“撑泥”行动。1954年12月13日夜晚，新平乡青年突击队正式成立，年仅24岁的梁碧南当选为队长。

潘月兰，第一批新平乡青年突击队队员。面对“你还是个孩子”的好心相劝，她斩钉截铁地说：“我已经长大了，你们能干的，我也能干好！”当年入队时，她只有13周岁。

卢顺娣，新平乡青年突击队第二任队长，带着队员们种起了菱角、薏米、莲藕、糯谷等许多过去不敢尝试的农作物，还到北京引进鸭种在中山养殖。接过前一任队长的接力棒时，她仅19岁。

谁说时光无言？奋斗的事迹就是最好的讲述。谁说时间有界？精神的力量总能穿透历史的厚重。

在这场抗灾备耕的战斗中，年轻一代担起建设祖国的责任，在此后的半个多世纪里影响了一代又一代的青年，历久弥新。

习近平总书记指出：“只有进行了激情奋斗的青春，只有进行了顽强拼搏的青春，只有为人民作出了奉献的青春，才会留下充实、温暖、持久、无悔的青春回忆。”①

新平乡青年突击队记录的历史，是对“敢为天下先”精气神的生动书写，激励着一代又一代建设者。

新平乡青年突击队留下的财富，是对“再造一个新中山”

---

①2013年5月，习近平总书记同各界优秀青年代表座谈时的讲话。

的忘我投入，战胜了一次又一次艰难险阻。高质量发展进程中，是这股敢赢善战的勇气在啃硬骨头、破艰险，凝聚了“杀出一条血路”的干劲和血性，以超常规之举打开中山工作的新局面。

新平乡青年突击队奋斗的未来，是对“强国有我”责任感的接续讲述，创造着一个又一个奇迹。中华民族伟大复兴新征程上，是这股蓬勃力量在逐梦星辰大海，是这股永不服输的精神在勇攀高峰，成为中华民族伟大复兴的先锋力量。

从新平乡出发，到推动中山高质量发展的一线战场，到粤港澳大湾区建设的前沿阵地，再到中国式现代化建设的火热实践，新时期的“青年突击队”，以个人的青春故事，汇成国家富强、民族复兴和人民幸福的宏大叙事。

“‘清澈的爱，只为中国’，成为当代中国青年发自内心的最强音。”在庆祝中国共产主义青年团成立100周年大会上，习近平总书记引用了戍边烈士陈祥榕的深情告白。从站起来、富起来到强起来的伟大飞跃，在中华民族伟大复兴进入不可逆转的历史进程中，始终有青春的火焰熊熊燃烧，始终有对祖国至浓至烈的爱热烈昂扬。

2024年，在深中通道通车之际，新平乡青年突击队将迎来成立70周年。

回望历史，在看见新平乡青年突击队投身农耕生产争分夺秒的时刻，我们没有理由不为这群青年的魄力、担当喝彩。

展望未来，在看见新时代青年突击队投身高质量发展一线的无数瞬间，我们没有理由不为这群年轻人的朝气、勇气鼓劲。

“只要青年都勇挑重担、勇克难关、勇斗风险，中国特色社会主义就能充满活力、充满后劲、充满希望。”[1]习近平总书记对青年满怀信心。奋勇争先，青年以青春的热忱和勇气创造出一段更加传奇的历史；强国建设，民族复兴，青年用青春的智慧和汗水打拼出一个更加美好的中国。

在建设中国式现代化道路上，让我们再次喊出发自中山县新平乡的那声口号——

为革命时刻准备着：突击！

是为序。

---

①2019年4月30日，习近平总书记在纪念五四运动100周年大会上的重要讲话。

目 录

前　言

1954年秋，中国共产主义青年团粤中区委青年干部陈诗博受委派到中山县新平乡工作，在这里，他亲眼看见了第九农业生产合作社的青年抗击咸潮、积极备耕的情形。在他的提议下，1954年冬，新平乡第九农业生产合作社成立了中山县第一支青年突击队，掀起了青年运动的新高潮。

在新平乡工作的三四个月期间，陈诗博潜心调研，总结青年突击队工作经验，写出了《中山县新平乡第九农业生产合作社的青年突击队》一文（原文附在后面）。经青年团广东省委领导的修改和推介，这篇文章在共青团广东省委机关刊物《华南青年》上发表。

1955年下半年，中共中央要求各地总结经验，选送一批关于农村工作经验的文章。团中央点名要广东总结青年突击队的工作经验。团广东省委将该文报送了上去。

1955年9月，中共中央和毛泽东主席主持编辑《中国农村的社会主义高潮》一书，该文被收入其中。毛泽东主席为该文批写了按语：

“这一篇很好，可作各地参考。青年是整个社会力量中的一部分最积极最有生气的力量。他们最肯学习，最少保守思想，在社会主义时代尤其是这样。希望各地的党组织，协同青年团组织，注意研究如何特别发挥青年人的力量，不要将他们一般看待，抹杀了他们的特点。当然青年人必须向老年人和成年人学习，要尽量争取在老年人和成年人同意之下去做各种有益的活动。老年人和成年人的保守思想是比较多的，他们往往压抑青年人的进步活动，要在青年人做出了成绩以后他们才心服，本文就是很好地描写了这种情况。对于保守思想当然是不应当妥协的，那末好罢，就来试试看，成绩出来了，他们也就同意了。”

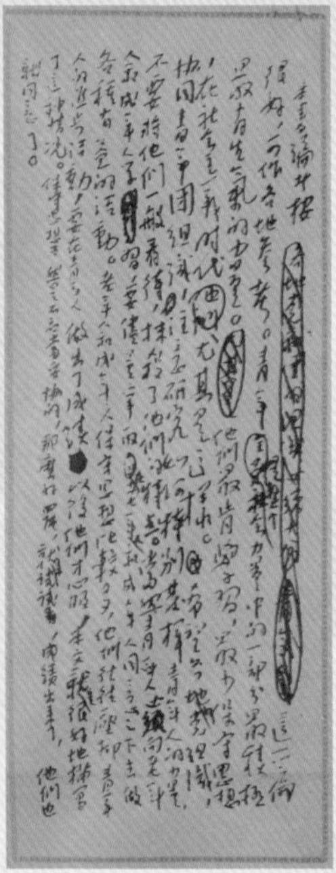

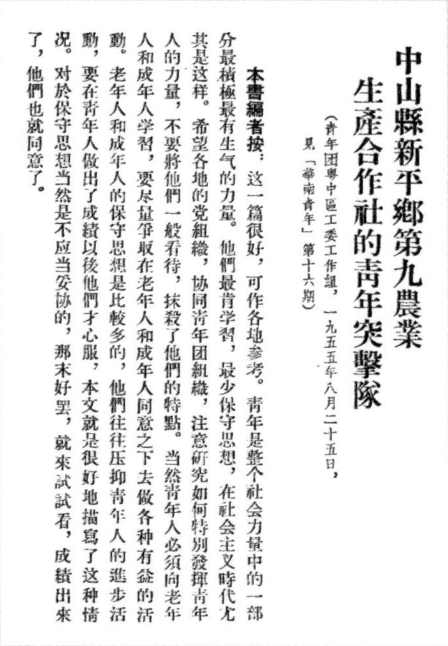

中山縣新平鄉第九農業生產合作社的青年突擊隊

（青年团粤中區工委工作組，一九五五年八月二十五日，見「華南青年」第十六期）

本書編者按：这一篇很好，可作各地參考。青年是整个社会力量中的一部分最積極最有生气的力量。他們最肯学習，最少保守思想，在社会主义時代尤其是这样。希望各地的党組織，协同青年团組織，注意研究如何特别發揮青年人的力量，不要將他們一般看待，抹殺了他們的特點。当然青年人必須向老年人和成年人学習，要尽量爭取在老年人和成年人同意之下去做各种有益的活動。老年人和成年人的保守思想是比較多的，他們往往压抑青年人的進步活動，要在青年人做出了成績以後他們才心服，本文就是很好地描寫了这种情况。对於保守思想当然是不应当妥协的，那末好罢，就來試試看，成績出來了，他們也就同意了。

1956年1月，《中国农村的社会主义高潮》出版发行。左图为毛泽东主席为《中山县新平乡第九农业生产合作社的青年突击队》一文批写的按语（1978年10月7日《中国青年报》头版）

附：

中山县新平乡第九农业生产合作社的青年突击队
（青年团粤中区工委工作组）

中山县第十区新平乡（沙田区）第九农业生产合作社的青年突击队，是在一九五四年冬天全乡掀起备耕热潮的时候，由团小组倡议，经过党支部组织起来的。

该社青年突击队现有三十六人。组织起来以后，在党支部和社务委员会的直接领导和团小组的积极推动之下，不但站在和自然灾害作斗争的最前列，而且在春耕、备耕、中耕、夏收夏种等经常性的农事活动中间，青年突击队的活动，一直没有停顿过，做出了显著的成绩，推动了社的生产，成为该社生产战线上的一支活跃的队伍。社里的副主任梁务仔说："有了这个生龙活虎的突击队，天大的困难都会化为乌有！"

的确，梁务仔副主任的话是有由来的。

突击队成立的那天，就投入了紧张的备耕工作。那时候，社里正是大规模地"入泥"，这是保证完成增产计划的重大措施，要在短短的八十天完成六万艇入泥任务，在劳动力不足而且是荒月的情况下，是一件极困难的事情。当时，一些社员思想搞不通，说："入泥腰骨痛，撑泥手掌烂，天气冷冰冰，马上见黄金也不想去！"出勤只有三十多人，平均每天才入泥四百多艇（按计划应达到八百艇）。青年突击队队员面对着这个情况，接受了社务委员会分配的任务：不但要发动社员积极出勤，更重要的是想办法提高入泥效率。于是，队员们纷纷要求到最困难的地方去，并且提出“保证质量，不争工分，不够重不撑”的口号。第一天，二十三个队员，除了一个年纪较轻的以外，十七个人按照社的指标完成了任务，五个人突破了全社定额。这个事实鼓舞了人们，发起了全社性的“入泥”劳动竞赛，参加入泥的人数也一天天增加。青年突击队还发挥了集体智慧，创造出“倒缩取泥”的办法，效率从每天只能会二百八十艇提高到四百一十艇。社里推广了这个办法以后，全社效率从平均每天最高纪录六百六十艇提高到一千零三十艇，如期完成了入泥计划。

时近清明，正是播种的时候，新平乡遭遇到历年来所没有的干旱，大量咸潮涌进秧田，严重地威胁着及时把谷种播下去。社务委员会提出一项紧急措施，决定到四十里以外的东隆乡去借田播种（那里没有咸潮），路程遥远，要将二十六亩秧田的谷种（约两千多斤）搬到那里，将来还要派人到那边去管理秧田，的确是一件不简单的事情。这个措施，受到一部分社员的反对。有的说：“天无绝人之路，不久会下雨的，用不着多找麻烦，浪费人力！”“谁愿意到天远的地方播种，将来谁去拔秧！”青年突击队队员首先响应了社的号召，十多个突击队队员在有经验的农民的带领下，把这个艰苦的任务担当起来了。他们在东隆乡，坚持了四个昼夜，克服了摆在他们面前的人地生疏、技术不熟、睡眠不足等困难，终于把二十六亩秧田播种在遥远的东隆乡，免受咸潮的威胁。半个月以后，秧苗长得嫩绿壮旺，而新平乡的咸潮依旧不退。生动的事实教育了全体社员：社务委员会的决定是正确的，突击队队员的行动是不会错的。事后不少社员说：“脑筋保守，要快快收档才行!”“像突击队这样的决心，比咸潮更大的困难也可以战胜!”

旱灾解除以后，第一代“三化螟”虫不断出现在秧田里，不战胜这一关，将来的禾田将会出现数不清的白穗。正当社里发动除虫的时候，就碰上了严重的迷信保守思想。有的说：“禾苗无虫，天上无龙。”“虫是天生自灭，一场风雨就会扫死它，不用多担心。”但是，二十三个青年突击队队员在党支部的领导下开了一个会，专门研究“三化螟”虫的发展规律和它的危害性，并且想出把第一代“三化螟”虫消灭在秧田里的办法：带头到秧田去喷射“六六六”药剂。他们还摘了一大包卵块回来，用事实来向群众进行广泛宣传，使群众明白，在秧田进行除虫，是一件简单易行的事情。不这样做，“三化螟”虫不但不会“天生自灭”，而且一天多过一天，将来把它带到禾田以后，要把白穗消灭或者减少，是一件更困难的事。在突击队队员的实际行动下，除虫运动开展起来了，战胜了第一代“三化螟”虫对于秧田的威胁。

正当社里转入经常的农事活动，突击队就碰到一个很困难问题，那就是队员都分散在各个生产队里去了。而且各队的生产进度不一，问题不同。怎样才能保持突击队的经常活动？怎样把青年突击队队员的积极性发挥到经常生产中去？问题就比过去复杂了。他们请示了党支部和社务委员会以后，采取了以下的措施：首先以生产队为单位成立突击小组，选出突击小组长。社里给时间定期召开组长碰头会，研究情况。根据各队生产上的薄弱环节布置任务，按生产季节召开临时的队员大会，进行总结表扬，记功，提出明确的几条要求。其次，按社的生产需要，进行必要的集中活动（例如完成紧急任务，突破困难的工作，搞小块试验田等)。这样，既分散活动，又集中领导，青年突击队始终紧紧地结合社的生产，一直保持着生气勃勃的、内容丰富的活动，成为一支推动生产的有生力量。

社里计划一九五五年改翻耕密植七百亩。当早造插田的时候，一些社员思想不通，意见纷纷，说："插得密密，有禾无谷，将来没有饭食找社务委员会算数。""入泥搞到腰酸骨痛，又来一套小株密植，早知道这样，情愿不入社了！"在这种情况下面，青年突击队队员各在自己的岗位上，向社员进行了宣传小株密植之所以能增产的道理，耐心地给社员算细账，以身作则，保证实现社的规格。例如，队员梁允腾原来不懂插田。天还没有亮他就起床，边插边学，用尽心机插到合规格。后来他每天能插一亩多田，成为全社最高纪录之一。第一生产队在梁允腾突击小组的带动下，成为全社插秧最好的一个队。一九五四年，突击队队员的模范行动直接影响了社员，七百亩地改翻耕密植的计划超额完成了。又如中耕除草的时候，该社试用中耕器松土。当地从来没有这样做过，社员顾虑很多，怕扒死禾茎。有的人说："这样扒法，不如把秧拔起来再插。"突击队队员首先响应了社务委员会的号召，先在二十亩田里作了示范，效果很好。凡是经过中耕器除草的禾苗，长得比任何一块都茂盛。党支部发动全乡各合作社来参观以后，大家都觉得下造要推广这个先进经验，再也没有人说"扒死禾茎"了。

社里实行包工制以后，出现了"贪多图快"的现象。例如，早造推行小株密植的时候，有些社员思想不通，故意把株行距八寸插成一尺二寸。有的人为了争工分，只顾抢快，不管质量。在这种情况下，青年突击队召开了紧急会议，提出同这种不良现象作斗争。二十三个队员回到自己生产队里，首先保证自己插得合规格，并且互相监督，看见有人故意插坏或者不求质量，就善意地提出批评。对于插得好的，在群众中表扬。后来，谁也不敢偷工减料了。

青年突击队的活动，不但在推广先进技术和保证耕作质量上发挥了先锋作用，而且还经常和生产上无人负责的现象作斗争。一九五五年春季，合作社种的八千多棵粟米，遭到旱灾的威胁。但是，因为当时的农事太忙，一直没有人管理，眼看八千多棵粟米就要旱死了。突击队队员们自告奋勇，主动地向社务委员会提出，要求把全部粟米交给他们管理。他们利用晚饭后休息的时间，担水的担水，补种的补种，经过松土、除草、施肥等一连串的田间管理工作，结果使八千多棵粟米得到丰收。

有一天，“入泥”完毕，很多泥艇丢散在田里，被风吹雨打太阳晒，没有人管理。突击队队员们用了半天的时间，将泥艇洗擦干净，把它放好。突击队队员发现社里农具、蕉基、粪料等没有人负责看管，就向社里提了五条合理化建议，都被采纳了，使合作社逐步地改进了生产上没有人负责的现象。

新平乡九社青年突击队，真正成为一支推动生产的有生力量。社员说：“青年突击队真是我们的‘社胆’(核心的意思)！”

这支青年突击队，为什么能够做出这些成绩呢？首先，青年突击队成立以后，紧紧地依靠了党支部和社务委员会的领导。在经常的活动中，他们主动地去取得党支部和社务委员会的指示和支持，及时向社领导反映情况，请他们参加突击队会议等。党支部和社务委员会对于青年突击队的工作也非常重视。社务委员会研究生产计划和重大措施的时候，都叫突击队派人参加，并且交给适当的任务。当突击队做出了成绩，党支部和社务委员会就在社里提出表扬，有时候还给予物质上的奖励。这是突击队之所以能够发挥作用的主要原因。

其次，青年团小组在青年突击队中，能真正成为核心力量。团小组不断地采用了多种多样的形式，具体生动地对突击队队员进行政治思想教育，使得青年的劳动热情不断地得到巩固，成为一支自觉的社会主义建设队伍。突击队成立以后，团小组先后组织了十多次“争取做个优秀社员”的学习，并且上了六次团课，结合队员的思想情况，进行漫谈讨论，使青年们明确自己的努力方向，成为积极生产的动力。在经常的劳动过程中，团小组针对队员的思想，讲述英雄模范事迹，通过总结表扬，记光荣事迹等办法，对青年进行爱社、爱劳动、爱祖国、爱集体的教育。在春耕生产当中，有半数队员受到表扬，四个人被吸收入团，这对于青年们的鼓励很大。此外，团员在生产活动当中，能以自己的模范行动影响群众，并且经常帮助队员解决思想问题和工作上的困难。因此，突击队队员都感知到团组织对于他们的关怀，表示要积极参加生产，锻炼自己，争取入团。

第三，青年突击队中间，有一批坚强的骨干分子。开始的时候，青年突击队的活动只由正、副队长两人负责，骨干并不多。随着队员的不断增多（由十二人增加到三十六人），青年突击队的任务一天天繁重，青年突击队就注意了培养骨干分子，把各种工作交给积极分子去做，适时地帮助他们总结经验。通过实际工作的锻炼，目前在队内已经有六个活动能力较强的骨干分子，他们都有单独工作的能力，其中，有四人已经能够作领导工作了。同时，青年突击队还很重视发挥集体力量，一切有关队内活动的问题，都通过骨干分子和大家商量，形成坚强的领导核心。因此，不管在任何困难的情况下，青年突击队都能以战斗的姿态出现在生产战线上。

第四，青年突击队的活动，紧紧地围绕着生产，善于抓住生产当中的关键问题和薄弱环节去进行工作。例如：在备耕工作当中，他们抓紧了“入泥”的关键，提出“保证质量，不争工分，不够重不撑”的口号；在早造秧苗受到咸潮威胁严重的时候，他们主动地向社务委员会提出，要求到遥远的东隆乡去播种育秧。在经常生产当中，青年突击队的活动以“推广先进技术”“保证耕作质量”为主要内容，协助社务委员会向无人负责的现象作斗争。在这些关键性的问题上，青年突击队都做出了显著的成绩，直接推动了生产。同时，该队的活动，十分注意突破生产上的薄弱环节。事实证明，在一年四季的农事活动当中，只要开动脑筋，善于发现问题，都可以在工作的薄弱环节中创造出惊人的成绩来。这正是青年突击队经常活动的广阔的场所。

（原文发表于一九五五年八月二十五日《华南青年》第16期，
选自《中国农村的社会主义高潮》）

第一部分 “四最”按语

为革命时刻准备着：突击！

1949年10月1日，毛泽东主席在天安门城楼上向全世界宣告：“中华人民共和国中央人民政府今天成立了！”

集中力量恢复国民经济，成为当时摆在党和人民面前的紧迫任务。党和政府按照“公私兼顾、劳资两利、城乡互助、内外交流”的基本方针，全力恢复国民经济，全国迅速掀起了社会主义建设热潮。

经过3年的艰苦奋斗，到1952年年底，我国胜利地完成了国民经济的恢复工作，工农业生产和国民经济的全面恢复，为开始进行大规模的经济建设创造了前提条件。

国民经济百废待兴，一批又一批青年人站了出来，成为建设社会主义事业的主力军。

（一）青春之火

1952年，一座规模宏大的建筑工程开始酝酿。中共中央决定在北京、上海分别建设苏联展览馆。其中，北京的苏联展览馆选址于西郊西直门外。根据计划，1954年，我国庆祝第五个国庆节期间，苏联经济及文化建设成就展览会（简称“苏展”）将在这里举办。

中苏双方都很重视展览馆的建设，苏联方面派了建筑专家来我国帮助设计和施工。按照设计方案，这座展览馆的塔尖比当时北京市最高建筑北海白塔还要高出13米。1953年10月15日，中共中央、北京市有关领导及当时苏联驻华大使官员参加了隆重的开工典礼。

但是由于任务量大、工期紧、建筑工艺水平高，施工团队又缺乏先进技术和冬季施工经验，这项重要的建筑工程刚一启动建设就遇到了很多困难。施工缓慢，让原定1954年7月底前完成主体工程的建设计划推进得举步维艰。按照这样的进度，展览馆不可能如期完工，我国举办“苏展”的计划将受到影响。

木工们首先打破僵局。1954年1月13日，在北京苏联展览馆建设工地上，胡耀林等18名青年团员木工在一工区建立了全国第一支青年突击队。面对急难险重的任务，青年突击队队员们发挥不怕吃苦、突击攻坚的精神，首战仅用3个小时便完成了以往7个小时才能完成的混凝土溜槽任务。随后，他们又用181个工时，完成了原计划用478个工时完成的拱顶大梁建造任务。

在他们的带动下，2月22、23日，两支瓦工青年突击队在二、三工区相继成立。此后，北京苏联展览馆的工地上又先后建立了抹灰工、电气工、水暖工、混凝土工等多支青年突击队。

“为革命时刻准备着：突击！”青年突击队队员们立下铮铮誓言，他们在工作中努力钻研创新做法，加快施工进度，提升工程质量，大大推动了展览馆的建设节奏。在全国20多个省市，1万多名建筑工人和6000多名解放军战士的日夜奋战下，工程在一年内就宣告完工。

1954年10月2日，北京苏联展览馆建成开馆，苏联经济及文化建设成就展览会在此举办，吸引了全世界的目光。

北京苏联展览馆的如期完工，向社会展现了青年的力量。工程建设期间，《北京日报》《人民日报》和《中国青年报》曾先后发表报道和社论，向全国宣传、推广组织建立青年突击队的成功经验。青年突击队的组织建立也像一股春风，迅速吹遍了北京乃至全国的各行各业。

至1954年12月，全国26个省、市、自治区团委在“重点试建，逐步推广”的方针指导下，已经建立青年突击队650支，队员达到1.2万人。

在南粤大地，青年突击队的火种也呈现燎原之势。在珠江口西岸的万亩沙田里，一面崭新的旗帜迎风飘扬起来。

（二）新平乡有了青年突击队

1953年，根据毛泽东主席的建议，中共中央从中国的实际情况出发，提出了“党在过渡时期总路线”，即“要在一个相当长的历史时期内，逐步实现国家的社会主义工业化，并逐步实现国家对农业、手工业、资本主义工商业的社会主义改造”。这条总路线，成为过渡时期各项工作的指南。

1953年12月，中共中央通过了《关于发展农业生产合作社的决议》，提出加快农业合作化的步伐，要求把全面推进农业生产互助合作、农村供销合作和信用合作，作为对小农经济进行社会主义改造的三种形式同步进行。信用合作要采取不同形式，使生产互助合作与信用合作紧密结合起来，支持农业合作化的发展。

一时间，全国各地农村的合作化运动蓬勃地发展起来。

合作社的青年力量

在中山县，合作化运动也如火如荼地开展起来。

1953年冬，中山县第一个初级农业生产合作社——张家边胜利农业生产合作社成立了。紧接着，1954年冬天，中山县新平乡第九农业生产合作社（位于现中山市民众街道沙仔村辖区内）也成立了。到1955年2月，全县已建起常年互助组7855个、初级合作社409个，基本做到了每个乡都有合作社。

在新平乡第九农业生产合作社，时年24岁的梁碧南除了任社委外，还兼任团小组长，负责青年工作。那时的青年工作生活条件很差，梁碧南发动每位青年各出20斤稻谷，靠筹集来的400多斤稻谷建起了一个简易篮球场。

新平乡旧貌（中山市档案馆供图）

在此之前，青年社员们除了下地干活，就是回家吃饭、睡觉，生活十分单调。社里有了篮球场后，合作社的年轻人就有了相对丰富的集体生活，每天晚上都有青年在篮球场打球，青年工作的氛围一下子活跃了起来。

有了体育运动，青年们参与劳作的精神头也在变化。对于合作社一些临时需要人手支援的任务，他们都更加积极地回应，很乐意帮忙，随叫随到。社员们对青年们表示称赞，青年们也感到很自豪。

这其中，就有新平乡合作社的青年力量。

新平乡位于中山县东北方位，邻近珠江水系出海口。当时的中山县新平乡第九农业生产合作社就位于一大片地势平坦低洼的沙田之中，全社仅有农户125户，劳动力人口230人左右，稻田面积近千亩，但由于这里的地势处于珠江基准水位负0.4米以下，开展农业生产的自然条件很差，每年早、晚两造水稻很容易遭遇积水内涝。

据《中山市民众镇志》记载，民众地区地处珠江口，最常见的三大自然灾害是暴雨、咸潮和干旱。当地暴雨具有连续性的特点，连续2天出现暴雨的情况较为常见。每年12月至次年3月均受咸潮影响，遇到干旱年份，咸潮期会推迟到3—4月结束，严重影响水稻播种育秧。民众地区雨量充沛，但季节分布不均匀。全年约八成雨量集中在4—9月的汛期，10月至次年3月，雨量仅占不到年雨量的两成。雨量分布不均，年际变化大，导致旱情在各个季节均时有发生。此外，民众地区还常常受到低温寒潮、霜冻以及强对流天气的影响。

1954年冬，一场持久的旱情袭击了珠江口区域。由于久旱不雨，很多内河淡水水位下降，海水沿着河道上溯，翻涌的咸潮倒灌至稻田，播下的种子难以成活，严重危害农业生产。地势低洼又紧邻河道出海口的新平乡首当其冲。

当时，新平乡第九农业生产合作社刚刚建立不久。面对灾害，焦急的人们将目光投向了合作社。

如何发挥农业合作社的力量，带领社员们战胜自然灾害成了摆在眼前的一个大问题。战胜咸潮的关键在于提高土地的抗咸和抗反酸能力，在没有现代技术的情况下，只有一个土办法，那就是通过向农田“入泥”，将低洼的稻田垫高，使庄稼免遭内涝和积水的威胁，同时提高土地的肥力，保障农作物的收成。

所谓“入泥”，就是临时开辟围堤缺口，掌握每天涨潮可用的有限时间，利用人力撑船，挖掘围外河底淤泥，并收集转运到围内禾田里，以达到垫高低洼地势、提升农田肥力的效果。这是在缺少现代化农具和化肥等农资的年代，岭南水乡的农民对抗内涝和咸潮常用的土方法。

新平乡第九农业生产合作社社员作业中（中山市档案馆供图）

咸潮来袭，时间紧急，第九农业生产合作社社委会提出了在80天内完成入泥60000艇的紧急任务。这一任务相当艰巨，当时正值天寒地冻的早春时节，入泥湿手湿脚，让人腰酸骨痛，社员们畏难情绪重，积极性不高，社里每天出工的人数只有30来人。这导致保守思想蔓延，很多社员打起退堂鼓，直呼这是“不可能完成的任务”。

时任团小组长的梁碧南向社委会提议，以团小组为核心，组织青年积极参加入泥行动，采用“常规战”与“突击战”相结合的办法，充分发挥青年的力量，完成这项艰巨的任务。当时，青年团粤中区工委、中山县委工作组正在新平乡协助开展农业生产合作社建设，相关负责人立即对梁碧南的提议表示赞成，第九农业生产合作社的社委们也表示支持。

时任青年团粤中区工委青农部部长的陈诗博、青年团中山县委的梁碧云、莫少闲等，与梁碧南商量后决定，在工余晚上召开全社青年会议，动员社里的年轻人踊跃参与“入泥”行动。为了更好地开展这项工作，陈诗博建议成立青年突击队。

当晚，合作社社长亲自提名生产能手和劳动力骨干——年轻有为的梁碧南成为青年突击队队长的重要人选。当时，文化程度并不高的梁碧南和村里的其他青年一样，也没有听说过青年突击队。但经过青年团同志的一番说明和动员，青年们很快便表示赞同成立“新平乡第九农业生产合作社青年突击队”。

“为革命时刻准备着：突击！”面对一张写着入队誓词的大红纸，24名青年郑重地签下了自己的名字。25岁的梁碧南当选为青年突击队队长，梁云腾为副队长，梁庆能任组织委员，陈锐德任宣传委员，梁妹娣负责妇女工作。

当时，队员们的平均年龄只有20岁。

拿出“不服输”的精气神

青年突击队成立的次日，青年们就投入紧张的备耕入泥工作中。

开展入泥突击任务的第一天，青年突击队队员们就拿出了不服输的精气神，喊出了“保证质量、不争工分”的响亮口号。凌晨3点开工，夜间摸黑而归。当天，除了1名年小体弱的小队员未完成任务外，其他人均按质保量完成了预定任务，甚至有5人超额完成任务。

新平乡第九农业生产合作社青年突击队队员正在“入泥”作业（中山市档案馆供图）

为了保障备耕入泥任务的圆满完成，青年突击队里举办了劳动竞赛。每天清早，青年突击队的红色队旗就竖立在禾田边。对应地，突击队对队员们撑的小艇每天统计入泥量，入泥最多的小艇插红旗，第二名插黄旗。为了“夺红旗”，青年们一大早就起来干活，形成了一种争先恐后、你追我赶的劳动氛围。

劳动中，青年们唱歌鼓劲，辽阔的大沙田上响起了嘹亮的咸水歌的调子。富有生气、充满激情、迸发活力的劳动场面，也带动了越来越多的社员加入入泥行动。

青年突击队队员们想方设法提高“入泥”效率，创造了“倒缩取泥”的先进办法，效率从每天入泥280艇增加到了410艇。这一方法推广后，全社入泥效率从每天最多660艇增加到最多1030艇。劳动热情的高涨促进了劳动效率的提升，第九农业生产合作社最终如期在80天内完成了入泥计划任务，为夺取水稻高产打下了良好的基础。

入泥任务完成，时间已近清明，正是插秧的时候。但上一年冬旱形成的咸潮，导致播下的种子都死了，如果不及时决断，全面的粮食收成都将受到严重影响。

“不能听天由命！”为了不误农时，社委会决定到40里以外没有咸潮影响的东隆乡（今广州市番禺大岗镇东隆村）去借田播种育秧。这个决议一提出，就遭到了一部分社员的反对。

“天无绝人之路，不久就会下雨的，用不着自找麻烦，浪费人力！”“谁愿意到这么远的地方去播种，将来谁去取秧苗？”在这样的情况下，青年突击队队员们带头响应了合作社的号召，10多名队员把这个艰苦的任务接了下来，他们不辞辛苦，远到东隆乡，克服重重困难苦战了4个昼夜，终于在26亩秧田上播下了谷种，并育出了第一批嫩绿肥壮的秧苗。

然而，谁也想不到的是，刚长出的秧苗又出现了第一代三化螟的虫害。合作社立即发动群众除虫，这时，一些固守封建迷信、保守思想的人站出来说话了：“禾苗无虫，天上无龙。”部分社员也认为：害虫是天生自灭的，不用担心，更不用大费周章去除害。

青年突击队队员在党支部的领导下，耐心地向社员群众宣传杀虫的重要性，又在农业技术员的指导下，立即确定了消灭虫害的具体措施：一方面，青年突击队队员带头到田里去喷杀农药；另一方面，发动队员人工摘除虫卵块，把三化螟虫扑灭在成害之前。

此外，青年突击队队员还在农业技术员的指导下，采用新技术：点灯诱杀三化螟蛾。连续7个晚上，合作社组织青年突击队队员点燃100多盏煤油灯诱杀三化螟蛾，收到了良好的杀虫效果。

当年，《南方日报》以《万家灯火灭螟蛾夺取水稻丰收》为题报道了新平乡的成功杀虫经验，引起了社会的广泛关注。在水稻秧苗返青的时候，青年突击队队员和社员群众一起出动，用煤油水泼杀稻飞虱，再次收到了良好的杀虫效果。

青年主动积极地实践科学方法，大大降低了虫害对农业生产带来的影响，确保了水稻的收成。

（三）中山经验上报中央

1952年8月25日—9月4日，青年团中央第一届三中全会在北京举行。这次全会决定，将指导青年学习作为今后“特别突出的任务”，将青年团如何协助党教育好青年一代的问题作为检验工作的标志，将推进体育运动视为青年团工作的重要组成部分。

陈诗博记得，时任团中央书记胡耀邦曾在广州作过一次报告，他在会上提出，要根据毛泽东主席指示，“按照青年特点，发挥青年作用”来开展青年工作。陈诗博回忆，正是领会了这次会议的精神，他后来到新平乡工作期间，才提出了成立第九农业生产合作社青年突击队的提议。

摒弃保守思想，成为技术能手

新平乡青年突击队成立后，队员们一直站在和自然灾害作斗争的最前列，在春耕、备耕、中耕、夏收夏种等经常性的农事活动中，青年们以不怕苦、敢战斗的顽强作风大力推动了农业生产，成为合作社生产战线上最活跃的一支队伍。

“大家每天都干10多个小时，回到家倒在床上就睡着了。很累，但从来没人叫一声苦。”梁碧南回忆，在青年突击队成立的最初两年里，队员们克服了很多难以想象的艰辛。曾经一连3个月，青年突击队队员们“早上4点就开工，中午随便吃几口饭，接着干农活干到下午6点才回家砍柴煮饭”。但青年们从来不叫苦，他们表现奋勇。每逢自然灾害，或是各种急难险重的生产任务，冲在最前面的，总是他们洋溢着青春活力的身影。

有一次下暴雨，70多亩稻田被雨水淹没，当时没有排水设备，梁碧南就带领青年突击队队员硬生生用手挖开了挡水堤，用水桶将田里的积水排干净。

青年突击队队员不仅干活勤快，还虚心好学，善于想点子、找办法。

当时没有化肥，除了“入泥”肥田，为了提高粮食产量，青年们还想到了利用当地盛产的白蚬和蟛蜞进行沤肥的办法。在社员们农闲的时候，青年们却不辞辛苦，撑船到河涌里捕捞白蚬和蟛蜞。一批批有机肥被撒到稻田里，保障了水稻生长所需的肥力。

当年，凌志坤被中山县人民政府农建科派驻到新平乡做农业技术推广工作，他对青年们勤恳学习的态度印象深刻。

凌志坤回忆，当时，乡里通过举办农业技术夜校、召开生产现场会议、种植试验田等办法推广农业技术，技术人员向青年突击队队员和社员群众传授水稻耕种的新技术，实行“单造改双造”“间作改连作”“翻耕密植”，提出加强田间管理以及防治各种自然灾害的管理理念。

当时，一些社员群众仍存在种种抵触思想，对新技术提出疑问，甚至讲一些丧气话：“水稻翻耕密植，插得密密实实，不通风透气，会有禾无谷，日后社员没饭吃谁来负责？”“参加‘入泥’‘撑泥’已损手烂脚，周身骨痛，现在又搞什么‘翻耕密植’，更加辛苦，早知这样不如不入合作社了。”

与此形成鲜明对比的是，青年突击队队员们把驻乡的几名农业技术干部当成了老师。青年们都十分乐于接受新技术，敢于对旧的耕作模式进行大胆改革。他们摒弃保守思想，积极学习并带头推广先进农业技术，一些队员在这期间成长为农业技术能手。

新平乡第九农业生产合作社青年突击队队员们
在研究选种良种（中山市档案馆供图）

青年突击队队员自己积极学习的同时，也耐心地将自己在技术夜校和参加生产会议时学到的耕作制度和新技术，向社员群众宣传讲解。摆明道理算细账，将新技术的好处通俗地向群众讲明白。同时，还起早摸黑带动社员群众搞“翻耕密植”，保证按规格、按质量插植，增加插秧密度。青年们在劳动中总结出了“坐马沉腰，低手退步”的插秧方法，涌现了一批插得快、插得好的插秧能手，确保了全社700亩稻田按时保质完成了“翻耕密植”任务。

随着新技术的推广，新平乡第九农业生产合作社的水稻亩产量从每年300斤提高到了700斤，还出现了亩产超千斤的丰产田，创造了当时水稻高产的新纪录。

取得春夏两造水稻丰收的成绩后，青年突击队队员们更加敢想敢干，在农业技术员的指导下，开始了冬种试验。当时的新平乡冬季气候寒冷，有时还会下“雪”(实为霰)。按照经验，冬天种植番薯必然会被冻死。梁碧南和青年们想出了为番薯“盖被子”的方法——在田里铺上一层稻草保温。“70多亩地，我们盖了三晚才全部完成，每晚都忙到凌晨一点多才回家。”试种第一年，冬种番薯便获得了丰收。

1955年，在青年突击队队员的积极奋战和社员群众的努力下，新平乡第九农业生产合作社迎来了建社以来的第一个丰收年。

“青年突击队顶呱呱，遇到石头当蔗渣，落雨下来当冲凉，月光出来当太阳”几句顺口溜，成为社员群众对青年突击队的朴实称赞。

走出中山的新平乡青年突击队

1953年6月，新民主主义青年团广东省委第一次代表大会召开，选举产生了团一届领导班子，建立了青年团广东省委。这次大会是广东团组织的一次大会师，青年团广东省委的建立标志着广东团组织创立阶段的基本结束。

到1954年年底，广东团员人数从1949年年底的68554人（不包括海南），发展到396183人。当时，团省委下辖粤东区、粤中区、粤西区、粤北区、海南区、广州市，建立了团行署区工委5个、团省辖市委9个、团县委71个、团县工委17个、团区工委936个。

从此，广东团组织进入了平稳发展阶段，广大青年在社会主义改造中逐渐发挥出生力军作用。

1955年夏天，青年团粤中区工委在佛山召开第一届青年代表大会，大会指定中山县新平乡青年突击队在会上介绍经验，梁碧南代表青年突击队参会发言。

这是新平乡青年突击队第一次走出中山，向社会展示风采。

陈诗博回忆，会前他与梁碧南商量大会发言事项，研究讲什么、怎么讲。梁碧南文化水平不高，但是记忆力很好。两人决定，由陈诗博列出发言提纲，撰写讲稿，但是要求梁碧南在大会上并不照稿发言，而是根据预定的提纲，讲述青年突击队在各项农业生产劳动中发挥的作用。

因为常年与青年们共同工作生活，梁碧南非常熟悉青年突击队的工作，这次脱稿发言讲得很精彩，获得了各地参会代表的掌声。

同年夏天，团中央领导到广东检查青年团工作。青年团广东省委汇报了新平乡第九农业生产合作社青年突击队的情况，并汇报了粤中区党委对这支农村青年突击队的三句话评价："党委为领导，老农做参谋，青年打先锋。"团中央领导听了汇报后指示："这支青年突击队的做法，是调动青年社会主义建设积极性的好形式，可以在全省、全国总结推广。"

团广东省委立即派出青年干部陈诗博帮助总结这支青年突击队的经验做法。陈诗博与青年突击队队员们共同生活、工作，经过几个月的调研，总结出了4点主要经验，撰写出了《中山县新平乡第九农业生产合作社的青年突击队》一文，经青年团广东省委领导的修改和推介，这篇文章发表在青年团广东省委机关刊物《华南青年》第16期上。

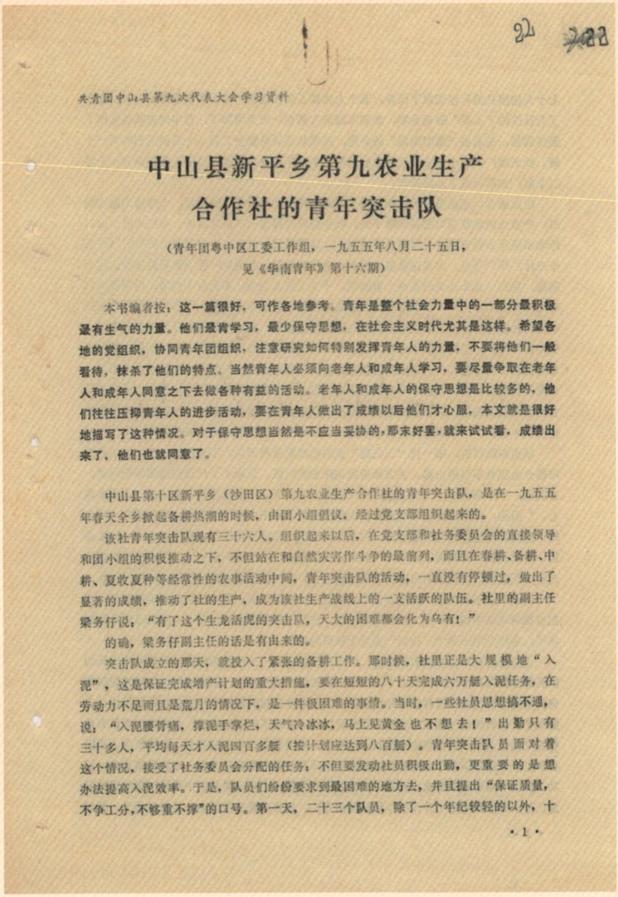

共青团中山县第九次代表大会学习资料

中山县新平乡第九农业生产合作社的青年突击队

（青年团粤中区工委工作组，一九五五年八月二十五日，
见《华南青年》第十六期）

本书编者按：**这一篇很好，可作各地参考。青年是整个社会力量中的一部分最积极最有生气的力量。他们最肯学习，最少保守思想，在社会主义时代尤其是这样。希望各地的党组织，协同青年团组织，注意研究如何特别发挥青年人的力量，不要将他们一般看待，抹杀了他们的特点。当然青年人必须向老年人和成年人学习，要尽量争取在老年人和成年人同意之下去做各种有益的活动。老年人和成年人的保守思想是比较多的，他们往往压抑青年人的进步活动，要在青年人做出了成绩以后他们才心服，本文就是很好地描写了这种情况。对于保守思想当然是不应当妥协的，那末好罢，就来试试看，成绩出来了，他们也就同意了。**

中山县第十区新平乡（沙田区）第九农业生产合作社的青年突击队，是在一九五五年春天全乡掀起备耕热潮的时候，由团小组倡议，经过党支部组织起来的。

该社青年突击队现有三十六人。组织起来以后，在党支部和社务委员会的直接领导和团小组的积极推动之下，不但站在和自然灾害作斗争的最前列，而且在春耕、备耕、中耕、夏收夏种等经常性的农事活动中间，青年突击队的活动，一直没有停顿过，做出了显著的成绩，推动了社的生产，成为该社生产战线上的一支活跃的队伍。社里的副主任梁务仔说：“有了这个生龙活虎的突击队，天大的困难都会化为乌有！”

的确，梁务仔副主任的话是有由来的。

突击队成立的那天，就投入了紧张的备耕工作。那时候，社里正是大规模地“入泥”，这是保证完成增产计划的重大措施，要在短短的八十天完成六万艇入泥任务，在劳动力不足而且是荒月的情况下，是一件极困难的事情。当时，一些社员思想搞不通，说：“入泥腰骨痛，撑泥手掌烂，天气冷冰冰，马上见黄金也不想去！”出勤只有三十多人，平均每天才入泥四百多艇（按计划应达到八百艇）。青年突击队员面对着这个情况，接受了社务委员会分配的任务：不但要发动社员积极出勤，更重要的是想办法提高入泥效率。于是，队员们纷纷要求到最困难的地方去，并且提出“保证质量，不争工分，不够重不撑”的口号。第一天，二十三个队员，除了一个年纪较轻的以外，十

·1·

1955年8月，《中山县新平乡第九农业生产合作社的青年突击队》一文发表在《华南青年》第16期上（中山市档案馆供图）

1955年下半年，中共中央要求各地总结经验，选送一批关于农村工作经验的文章。团中央点名要广东总结青年突击队的经验，团广东省委将《中山县新平乡第九农业生产合作社的青年突击队》报送了上去。

从中山县到粤中区，再从广东到中央，这支成立仅仅半年多的农村青年突击队，以踏实的作风、创新的做法、工作的实效得到了越来越多的肯定，成为广东乃至全国青年力量中的先进代表。

㈣ 毛泽东主席的“四最”按语

1955年9月，中共中央和毛泽东主席主持编辑《中国农村的社会主义高潮》一书，《中山县新平乡第九农业生产合作社的青年突击队》一文被录入其中。

《中国农村的社会主义高潮》(中山市档案馆供图)

新平乡第九农业生产合作社青年突击队之所以能被毛泽东主席看到，与团广东省委的重视和推荐是分不开的。

陈诗博回忆，当时，青年团广东省委的领导了解到新平乡第九农业生产合作社青年突击队的事迹和经验后，非常重视，亲自找到他了解详情，并根据陈诗博的讲述对文章进行了修改整理，文章经《华南青年》发表后，在全省树立了典型。

1955年，中共中央要求广东选送一批关于农村工作经验的文章时，青年团广东省委的领导便将这篇《中山县新平乡第九农业生产合作社的青年突击队》报送至团中央。团中央认为，新平乡第九农业生产合作社青年突击队的经验，充分体现了“按青年的特点开展青年工作”的精神，于是将文章向毛泽东主席作了汇报。

随后，该文被选入《中国农村的社会主义高潮》一书。毛泽东主席为该文写了按语：“这一篇很好，可作各地参考。青年是整个社会力量中的一部分最积极最有生气的力量。他们最肯学习，最少保守思想，在社会主义时代尤其是这样。希望各地的党组织，协同青年团组织，注意研究如何特别发挥青年人的力量，不要将他们一般看待，抹杀了他们的特点。当然青年人必须向老年人和成年人学习，要尽量争取在老年人和成年人同意之下去做各种有益的活动。老年人和成年人的保守思想是比较多的，他们往往压抑青年人的进步活动，要在青年人做出了成绩以后他们才心服，本文就是很好地描写了这种情况。对于保守思想当然是不应当妥协的，那末好吧，就来试试看，成绩出来了，他们也就同意了。”

这是毛泽东主席在社会主义建设时期，对广东青年工作写下的唯一一篇短文。毛泽东主席在这条按语中用了四个“最”来赞扬青年、肯定青年，即“最积极、最有生气、最肯学习、最少保守思想”，体现了他对青年群体和青年工作的一贯重视。

毛泽东主席在按语中，深刻地概括了向社会主义过渡时期青年的特点，高度评价了青年在社会主义革命和建设中的地位和作用，对青年一代寄予深切的关怀和期望。同时，他也就青年工作及青年人的成长提出了希望：希望党团组织注意发挥青年的力量，不要抹杀了他们的特点；希望青年人要向成年人和老年人学习，争取他们的理解与支持，以自己的工作成绩令他们心服。

看到毛泽东主席批写的“四最”按语后，新平乡第九农业生产合作社的青年突击队队员们无不欢欣鼓舞，振奋之余，对社会主义建设充满了干劲。

新平乡第九农业生产合作社青年突击队队员在一起学习（中山市档案馆供图）

陈诗博回忆，他在新平乡工作生活了约4个月的时间，在这期间，他对新平乡第九农业生产合作社的青年突击队队员们有了深刻的了解。概括起来，这些青年队员身上有5个主要的特点：思想好，决心大，不保守、相信科学，劳逸结合、富有生气，虚心学习。

新平乡第九农业生产合作社青年突击队队员身上的这些特质，正是“四最”按语精神内涵的现实体现；或者反过来说，“四最”按语，正是对新平乡第九农业生产合作社青年突击队队员为代表的当时中国青年精神面貌的一个集中概括。

新平乡第九农业生产合作社青年突击队与“四最”按语一起，永远载入了中国青年运动史册，“四最”也成为中国青年运动历久弥新的精神内核。

（五）燎原之势

1954年冬，新平乡第九农业生产合作社成立中山县第一支青年突击队之后，先后受到青年团粤中区委、团广东省委以及团中央各级的肯定，这支年轻的队伍成为全县、全省乃至全国各地学习的典型。毛泽东主席在《中国农村的社会主义高潮》中为《中山县新平乡第九农业生产合作社的青年突击队》一文批写按语后，新平乡第九农业生产合作社青年突击队作为榜样的影响力更是达到顶峰。

当时，新平乡下辖有新农、新平、新兴、新中4个村（后来分别改名为平一村、平二村、平三村、平四村），第九农业生产合作社就在新农村。该村青年突击队成立后，在周边的村落引起了一波建队热潮，各合作社相继有了自己的青年突击队。

中山县新平乡青年突击队队员们在一起学习交流（中山市档案馆供图）

各青年突击队在日常开展生产劳动时，发挥青年人的激情热情和聪明才智，想出了各种点子，有声有色地开展起各类饶有生趣的劳动竞赛，带动人们在劳动中比学赶超。当时劳动竞赛的奖品都很简单，例如毛巾、水杯、草帽等，但依然很好地激发了青年们参赛争优的热情。

劳动竞赛不仅提高了合作社开展各项生产劳动的效率，也吸引了更多青年加入青年突击队。在很多合作社、很多家庭有多名成员同时加入青年突击队，一个青年带动一个家庭，一个个家庭带动整个合作社，人们参与劳动生产的热情空前高涨，农村生产热潮迭起。

新平乡青年突击队在广阔的大沙田上竖起了一面青春旗帜，带动了中山县各地争相成立青年突击队。一时间，星星之火已呈燎原之势。

新平乡第九农业生产合作社的青年突击队，在生产斗争中不断发展成熟，1954年成立时仅有24人，到1977年队员人数已达298人，队内的团员人数也由原来的3人增加到98人。其中，有13人加入了中国共产党，有63人先后被选拔到公社、大队、生产队等领导岗位上。

在新平乡青年突击队的影响下，1955年，中山县有131个乡建立青年突击队。毛泽东主席为《中山县新平乡第九农业生产合作社的青年突击队》一文写下“四最”按语后，全县团员和青年们备受鼓舞，青年突击队也迅速发展。1956年，全县青年突击队的数量达到524个，占当时全县乡村数量的95%以上，青年突击队人数达到11948名。到1960年年初，全县青年突击队已经达到2582个，全县涌现出青年养猪小组216个，青年丰产小组1632个，城镇企业组织青年技术革新小组73个。

青年突击队开始从农村农业领域扩大覆盖到社会生产的各个领域，担当起急、难、险、重的突击任务，推动了一轮又一轮社会主义建设高潮。

中山县新平乡青年突击队队员在开展农田基本建设（中山市档案馆供图）

这一时期，青年团中山县委还积极对全县团员和青年开展学习和贯彻党的过渡时期总路线的教育活动。1954年，“合作化对青年带来什么好处”“青年人在合作化发展中应负什么责任”“争取做一个优秀社员”等教育活动，为引导广大团员和青年积极投身以互助合作为中心的农业增产运动吹响了号角。

据统计，1954年—1960年，中山县的农村团员和青年积极投身农业合作化运动。1954年，全县有71%的团员参加互助合作组，近600名团员当上互助组的骨干。1955年，全县参加合作社的团员人数达到2969人。为推动互助合作运动，这一年全县组织了160个宣传队宣传党的政策，以及481个青年突击队开展各项生产突击任务。

(六) 媒体报道

1955年3月3日,《粤中农民报》报道:

动员起来，防旱抗旱，保证及时播种、抢种早熟作物
中共粤中区委员会发出紧急指示
要求各县迅速发动群众进行抗旱播种和保苗

自去冬以来，一直很少下雨，旱情一天比一天严重，很多地区因为受旱，影响到播种和种植早熟作物工作的进行，影响到浸春除虫和冬种作物的生长。因此，抗旱播种以及抗旱保苗（秧苗和早熟作物），就成了当前十分紧急的任务。中共粤中区委员会在二月二十八日特发出紧急指示，要求各县必须立即把抗旱播种工作当成备耕工作中一项突出的任务来进行，迅速发动群众进行抗旱，以战胜今年的春旱。指示中还提出要做好下列几项工作：

（一）大力进行思想动员，教育农民群众克服等天下雨的思想，迅速掀起一个群众性的抗旱播种和抗旱保苗运动。

（二）发动群众找水源，有条件的地区进行筑陂、修圳、开渠、打井；有山溪小河的地方筑拦河坝；有潮水的地区造

临时闸，潮涨时开闸蓄水，以利放水和车水；近海地区可拦河蓄淡拒咸。

（三）合理、节约用水，防止水利纠纷。现有的塘、水库、水陂等灌溉工程，必须统一规定用水办法，并选出专人负责放水，还可发动群众互相让水、借水，以保证按时播种和种下早熟作物。冬种作物灌溉用水要照顾，但要节约，防止浪费。

（四）缺水的地区，可发动群众在河涌边或有水的地方放水或车水、挑水、戽水进行抗旱，如果在该处无田地育秧的，可通过协商解决。有鱼塘的地区，可根据本地的情况和经验在塘中起畦育秧，但要筑基，防止下雨时浸坏秧。

（五）包粟、南瓜、鸭脚粟等早熟作物可先行播种，在半月以内再行移植，以减少抗旱面积，其他早熟作物可采用浅犁、浅耙整地或逐行逐穴松土、培土，以解决当前天旱不能整地的困难。已种下去的早熟作物，如果缺水而又不能用车水、筑陂、修圳、筑山塘等办法解决时，应发动群众担水淋苗，保证早熟作物有种有收。

（六）有些确实缺水的地方，可采取插旱秧的办法。（方法见今日本报第三版——本报按）

（七）凡是目前未有旱情的地方，要做好防旱准备，不能麻痹。

此外，各地应多多总结群众抗旱经验，并加以推广，以便战胜旱灾，按期播种育秧。

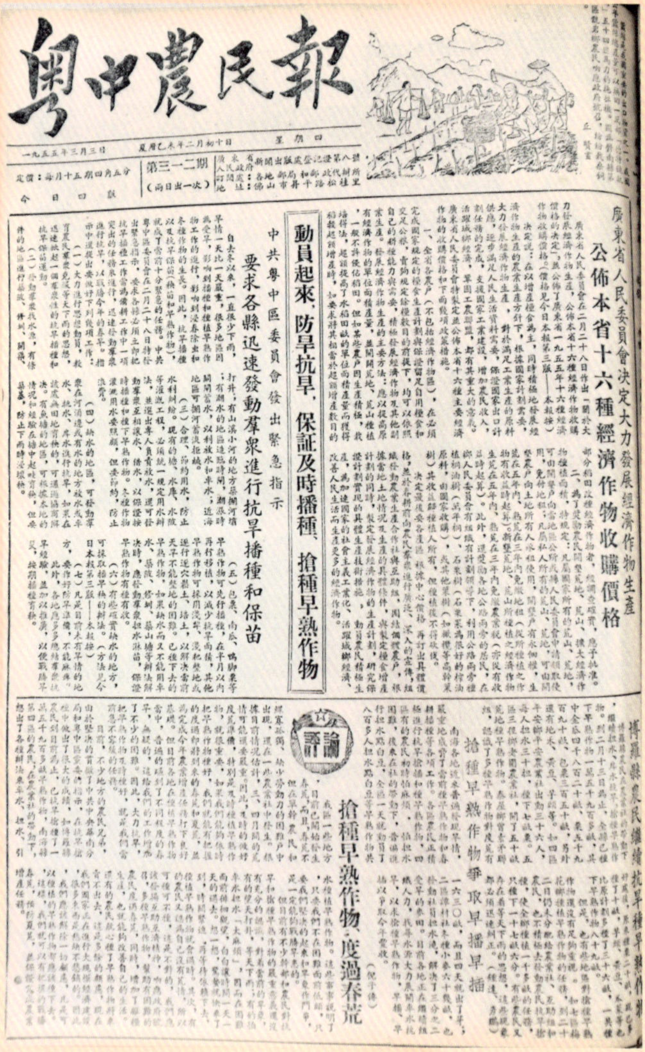
粤中農民報

一九五五年三月三日　夏曆乙未年二月初十日　星期四

第三一二期（兩日出一次）

廣東省人民委員會決定大力發展經濟作物生產 公佈本省十六種經濟作物收購價格

動員起來，防旱抗旱，保証及時播種，搶種早熟作物

中共粤中區委員會發出緊急指示 要求各縣迅速發動羣眾進行抗旱播種和保苗

評論 搶種早熟作物，度過春荒

博羅縣農民繼續抗旱種早熟作物

1955年3月3日，《粤中农民报》发布中共粤中区委紧急指示，要求各县迅速发动群众抗旱播种和保苗（中山市档案馆供图）

1955年7月21日,《粤中农民报》报道:

青年突击队在夏收夏种中的活动
全力做好夏收夏种

七月初，中山县第十二区云溪乡第一农业社开始夏收夏种工作了，但社里缺乏肥料，社员积肥又感到很困难。该社青年突击队在青年团支部和社委会的领导下，开会想出办法，决定到河里去取泥。河水深，他们就潜下水去取泥，连续坚持了六七天工作，终于完成了任务。

当他们发现社里秧田虫害严重时，他们又立即动员起来，五六天内，在秧地共清除了虫卵一百多万枚，基本消灭了全社秧田的虫害，带动全乡农民展开捉虫工作。

夏收工作开始了，由于有些突击队队员是青年学生，收割工作不习惯，他们除了边学边做外，还根据自己的能力，积极去做担禾杆头、割田基草等工作，使农业社能做到边割、边犁、边耙，及时进入夏种工作。

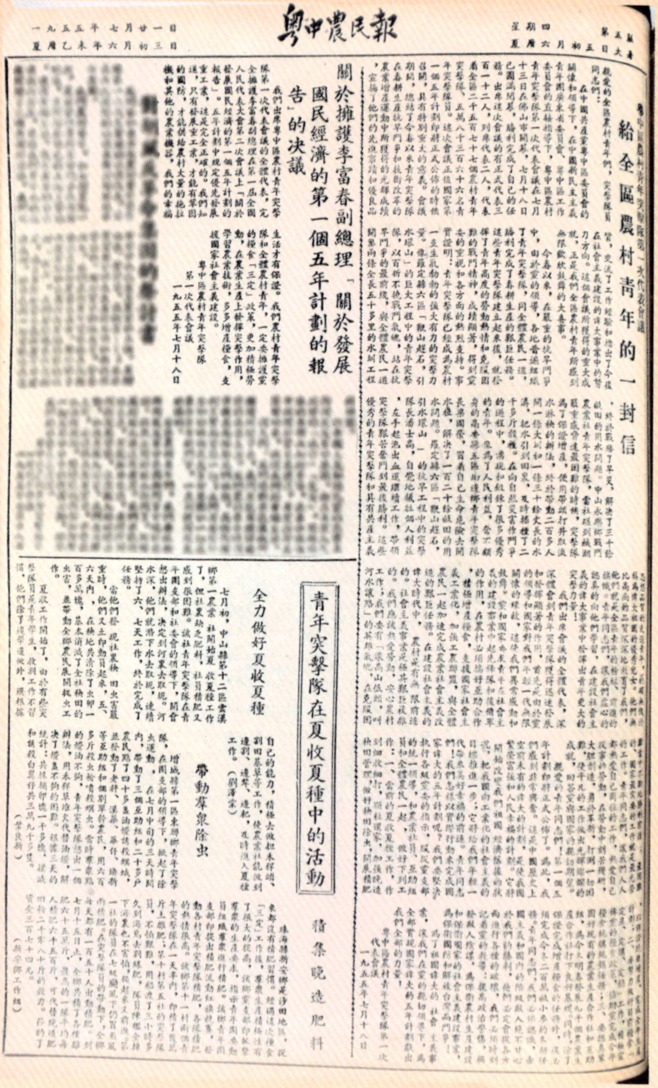
一九五五年七月廿一日
夏曆乙未年六月初三日

粵中農民報

星期四
夏曆六月初五日大暑
第五版

粵中區農村青年突擊隊第一次代表會議

給全區農村青年的一封信

親愛的全區農村青年們，突擊隊員同志們：

在中國共產黨粵中區委員會的關懷和領導下，在中國新民主主義青年團廣東省委員會、粵中區工作委員會的直接指導下，粵中區農村青年突擊隊第一次代表會議在七月十三日在佛山市開幕，七月十八日已圓滿閉幕，勝利完成了自己的任務。出席這次會議的有正式代表三百一十二人，列席代表二人，代表着全區二千五百七十七個農村青年突擊隊、五萬八千三百六十六名青年突擊隊員。這次會議正值國家第一個五年計劃即將正式公佈的時候召開，具有特別重大的意義。會議期間，總結了今春以來青年突擊隊在春耕生產抗旱鬥爭和技術改革的農業增產運動中所獲得的光輝成績，宣揚了他們的先進事蹟和優良品質，交流了工作經驗和指出了今後在社會主義建設的偉大事業中的努力方向。這個會議所獲得的重大成就，正是我們全區農村青年所感到無限歡欣鼓舞的大喜事。

今春以來，在嚴重的抗旱鬥爭中，由於黨的領導，各地普遍組織了青年突擊隊，同全體農民一道，勝利完成了春耕生產的艱巨任務。這些青年突擊隊建立起來後，就發揮了青年高度的勞動熱情和克服困難的戰鬥精神，成績顯著，得到黨委的重視和各方面的熱烈支持。事實證明：青年突擊隊已經成為農村一支生氣勃勃的強大有力的突擊力量。像羅定縣六區「鞭山趕石，引水環山」的巨大工程中的青年突擊隊，以百折不撓戰鬥氣概，站在抗旱鬥爭的最前線，與全體農民一道開鑿兩條全長五十多里的水圳工程……

關於擁護李富春副總理「關於發展國民經濟的第一個五年計劃的報告」的決議

我們出席粵中區農村青年突擊隊第一次代表會議的全體代表，完全擁護李富春副總理在第一屆全國人民代表大會第二次會議上「關於發展國民經濟的第一個五年計劃的報告」。五年計劃中規定優先發展重工業，這是完全正確的。我們知道，只有發展重工業，才能有鞏固的國防，才能供給農村大量的拖拉機和其他的農業機器，我們的幸福生活才有保證。我們農村青年突擊隊和全體農村青年，一定要擁護黨的糧食「三定」政策，更加積極勞動，在農業生產上發揮突擊作用，學習農業技術，多多增產糧食，支援國家社會主義建設。

粵中區農村青年突擊隊
第一次代表會議
一九五五年七月十八日

青年突擊隊在夏收夏種中的活動

全力做好夏收夏種

帶動羣衆除虫

積集曉造肥料

1955年7月21日，《粤中农民报》关于中山县青年突击队的报道（中山市档案馆供图）

1955年9月9日,《粤中农民报》报道:

活跃在农业生产战线上的青年突击队
召开青年突击队、技术员代表会议

青年团中山县横栏区工委,在八月二十五、二十六两日,召开了全区青年技术员、青年突击队代表会议,到会的代表共一百二十三人。会议首先总结了青年技术员和突击队在夏收夏种中的成绩和作用,表扬和奖励了三个青年突击队,一个技术传授站,一个技术小组和四十多个优秀代表。然后号召全体技术员和青年突击队队员,继续发扬艰苦奋斗精神,投入当前中耕生产中去,并一致通过了决定,决定九月份为“全区青年除虫月”,号召青年点“青年除虫灯”,展开除虫运动。最后,十一个优秀的代表在会议闭幕时,举行了入团宣誓仪式。

1955年9月9日，《粤中农民报》关于中山县青年突击队的报道（中山市档案馆供图）

1955年12月1日,《粤中农民报》报道:

中山县沙田晚稻丰收

中山县一百三十多万亩沙田晚稻普遍得到丰收，其中各地农业社增产更显著。民众区义仓乡第一社已割的二百六十亩翻耕，每亩有四百五十斤，比去年增产一百斤左右。其中金竹二十七号品种平均每亩产量六百斤（湿谷)，比去年多收二百五十斤，增产百分之七十一点四。民众区新平乡沙仔村的二千八百六十亩翻耕，估计每亩平均可产五百二十斤。横栏区横栏乡“五一”农业社，已割的二十四亩四分翻耕（原是低产田)，比去年增产百分之一百以上。

今春以来国家对该县各区农民曾贷出了大批款项，支持农民购买了一千七百头耕牛，一千八百五十多只泥艇进行大量入泥，同时全县十五个区均先后建立了技术推广站，帮助农民进行技术改革和选育优良品种等。在晚稻生育过程中，各乡又实行分期追施肥料，据统计，全县晚稻施过一次肥的有八十一万多亩，施两次肥的有十九万八千多亩，在禾稻含胎前后，还普遍追施尾肥；此外，还连续战胜了旱、咸、虫等自然灾害，因而获得丰收。

粵中農民報

一九五五年十二月一日 星期四

第四四六期

工業化，合作化，使農村開遍了幸福的花！

寶安三十多萬畝水田豐收

今年增產百分之十二以上

中山縣沙田晚稻豐收

新會縣翻耕田普遍增產

博羅、四會兩縣超額完成冬種計劃

各地農業社帶頭交公糧賣餘糧

我們決定超額賣餘糧十一萬斤

1955年12月1日，《粤中农民报》报道中山县沙田晚稻丰收（中山市档案馆供图）

1956年5月5日,《中山农民报》报道:

活跃在农业生产战线上的青年

全县的585个青年生产队和1226个青年突击队，在党的直接领导下，从备耕生产到春耕抗旱抗咸抢插和中耕生产运动中，成为中山农业生产战线上一支出众的突击力量。

在备耕工作中，以4万多青年生产队队员和青年突击队队员为核心，组织了青年船、青年艇、青年积肥突击队，展开积肥运动，仅土杂肥就积了488万多斤。清明前后，全县进入了抗旱抗碱抢插大忙，青年生产队、青年突击队响应了党支部和社委号召，保证按时按计划把秧苗插下去，在受旱的民田地区，他们不怕艰苦的进行抗旱抢耙抢插；如平岚区雍陌乡的青年生产队80人，用20架水车进行了7日7夜轮班车水，使420亩田能及时插下去。南门区小濠涌乡突击队300多人，在8天内打了52口井，解决了450亩田缺水抢插。坦州、横栏、民众、港口、黄圃等区的青年采用白天抢插，晚上以人力代牛力进行抢犁抢耙，解决了牛力不足的困难。在抢插中，沙田地区的青年还积极学习插秧技术，提高插秧效率，保证了翻耕计划完成。新平乡第二青年生产队学习了插秧技术后，全队由原来每人每日插5分地提高到1亩3分6厘，创造了全乡插秧最高纪录。第四青年生产队队员梁云腾，也创造了每日插田2亩7分的全县最高纪录。推动了农业社的技术改革计划的实现。

目前，全县青年生产队、青年突击队正以抗旱抢插劲头投入中耕除虫、除草、施肥等工作。横栏、民众、港口等地区的青年开展了点兜拔枯心苗、捉螟蛾等除虫工作。横栏乡第七耕作区青年生产队发挥劳动积极性，每日一人除草2亩2

分5厘，超过社委会的1亩1分5厘定额，并做到本田一寸丁方没有一条草。群众农庄第一青年生产队提出“一员（每个队员）每晚200斤积肥运动”，每天晚饭后即出动清理街道，全队几天来积了土杂肥30000多斤。横栏、港口等地的青年生产队也积极赶制颗粒肥。特沙乡第三耕作区的青年生产队，经过了一系列中耕除虫、施肥、专人加强排灌，现在禾苗发棵均匀齐一，生势旺盛，被称为“青丝团”。

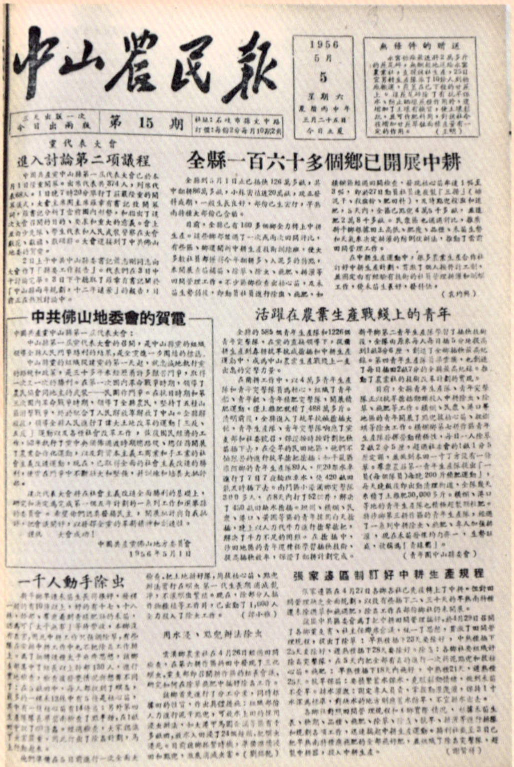

中山農民報

1956 5月 5 星期六

第 15 期

黨代表大會 進入討論第二項議程

全縣一百六十多個鄉已開展中耕

中共佛山地委會的賀電

活躍在農業生產戰綫上的青年

一千人動手除虫

張家邊區制訂好中耕生產規程

1956年5月5日，《中山农民报》关于中山县青年突击队的报道（中山市档案馆供图）

1972年5月6日，《人民日报》报道：

一支最有生气的力量

——记新平一大队青年突击队的事迹

（摘选部分）

“青年是整个社会力量中的一部分最积极最有生气的力量。他们最肯学习，最少保守思想，在社会主义时代尤其是这样。”伟大领袖毛主席一九五五年在《中国农村的社会主义高潮》一书中对《中山县新平乡第九农业生产合作社的青年突击队》一文的按语，一直鼓舞着新平乡（现在的民众公社新平一大队）的青年们，激励他们发扬革命光荣传统，勇敢地战斗在农村三大革命运动第一线，成为一支最有生气的力量。

* * *

“清明”过后，我们来到新平一大队访问，只见纵横交错的河涌两岸，绿竹婆娑，芭蕉、荔枝、木瓜和番石榴的枝果，随风摇曳。在平坦广阔的大沙田里，秧苗碧绿茁壮，青年突击队队员和社员群众，正忙着中耕除草。

正在田里劳动的大队干部告诉我们：今年通过路线教育，大家学大寨的劲头更大了。尤其是在春耕、备耕时节，青年突击队冒着低温冷雨，奋战大沙田，挖河泥、施底肥比以往任何一年都多；今春插秧早，全面推广水稻矮秆良种，又战胜了春旱和咸潮。……我们禁不住兴奋地说：“那今年早稻又该丰收了。”他们说：“在正常年景下，是可以保丰收的。可是要有两手准备，不能光希望风调雨顺，还得准备同旱、涝、病虫、台风等自然灾害作斗争，丝毫不能麻痹大意。”接着，他们介绍了青年突击队在去年严重的台风海潮袭击时，两次战胜自然灾害，夺得丰收的事迹。

去年六月中旬，正是蝉儿鸣、荔枝熟的时节，大沙田里，金色的稻浪滚滚。人们正准备开镰收割早稻。突然，南海一股强台风在珠江口登陆，中心风力达十一级，新平一大队首当其冲。为了避免稻谷被狂风吹落，大队党支部决定放水浸禾，展开风口夺粮的战斗。当晚，在党支部领导下，组成一支支以青年突击队为骨干的抗风抢险大军，奔赴斗争第一线。夜，一片漆黑，狂风怒吼，暴雨滂沱，惊涛恶浪一个接一个向堤岸扑来。突击队队员有的潜水开闸，放水灌田浸禾；有的巡视堤围，及时堵塞崩塌缺口，加高险段；有的照顾五保户，保护耕牛……第七生产队突击队队员梁带好和大伙奋战到深夜二时。当她完成任务回到家里，疲倦地躺在床上休息时，又听到邻居社员喊着："田里的水已漫田埂了，稻穗也浸着啦！"她一骨碌跳下床，出门喊醒突击队队员梁带彩、梁根源和李锡培等，匆忙上堤关水闸。风越吹越紧，雨越下越大，大家抬着闸板，被风雨吹打得睁不开眼睛。几条抬杠断了，就用肩顶手托，终于把五座水闸关闭了。可是当他们关闭最后一座水闸时，堤外一边的闸板因受风浪的冲击而滑到河底，他们急忙去关堤内一边的闸板。由于潮水暴涨，水深流急，几次都关不住。如不及时关住水闸，不但会使田里成熟的稻穗因受浸时间过长而发芽，而且有可能冲塌岸边一百五十多户社员的房屋。在这关键时刻，大家沉着地用粗竹竿插进闸口河底里，在岸上奋力撑住竹竿。梁根源等三名突击队队员，不顾被卷进闸里去的危险，手攀竹竿，冒着急流漩涡，潜进水里，把河底的闸板捞上来。他们一直奋战到天亮，最后关闭了水闸，避免了损失。

早稻收获了，晚造刚插下秧不久，又遇到暴风雨和大海潮的袭击，到处白茫茫，田里不见青，一连浸了七八天。水退时，秧苗被泥浆压在底下，死的死，烂的烂。看到这种情景，有的社员说：“晚造失收已成定局了，干脆种茨菇、养水蛇算了。”在困难面前，青年突击队毫不气馁，第五生产队的青年突击队一马当先，把秧苗一株株地扶起来，用一瓢瓢清水洗掉泥沙。在他们的带动下，全大队的社员行动起来，全力以赴地投入扶苗、洗苗、补苗的战斗。奋战了十多天，完成了任务，田里又呈现一片翠绿。

这支朝气蓬勃的突击队，身居大沙田，心怀建设社会主义新农村的崇高理想，哪里有困难就往哪里闯。十多年来，他们每年冬春冒寒风，顶雨露，到河涌里把河泥挖起来，一艇艇地撑运到田里，把全大队三千三百多亩比海面还低两尺多的低洼田填高一尺多。他们还和广大社员群众一起，认真贯彻执行农业“八字宪法”，实行科学种田，把这三千多亩农业合作化前亩产只有二百多斤的低产田，改造成为旱涝保收的高产田。一九六七年以来，粮食亩产每年都在一千斤左右。去年在严重的自然灾害袭击下，粮食亩产仍然达到九百四十斤。

毛主席在《中山县新平乡第九农业生产合作社的青年突击队》一文的按语中谆谆教导说：“希望各地的党组织，协同青年团组织，注意研究如何特别发挥青年人的力量，不要将他们一般看待，抹杀了他们的特点。”新平一大队党支部，认真贯彻执行毛主席的指示，注意加强对青年的政治思想教育工作，充分发挥他们的作用。现在，青年突击队队员已由十七年前的三十六名，发展到二百二十六名。当年的青年突击队队员，许多人已经加入了共产党，有的已成为这个公社的干部。新的一代在毛泽东思想的哺育下，又茁壮地成长起来。在新老突击队队员中，有八十七人成为共产党员或共青团员，三十八人被选进大队或生产队的领导班子，占干部总数的百分之六十八。

……这个生产队的干部和社员群众团结一致，革命和生产搞得越来越好，迅速改变了落后面貌。梁带好在斗争中逐步成长，并且光荣地加入了共产党。去年，她被选为大队党支部委员，担任了大队团支部书记。

像梁带好这样在斗争中成长起来的青年突击队队员何止一个！这里的干部和贫下中农还向我们介绍了第九生产队队长、新突击队队员卢顺娣和生产队副队长、老突击队队员卢树南互相学习、互相支持，依靠贫下中农，迅速改变生产队面貌的先进事迹。

被贫下中农称为“小老虎”的卢顺娣，人小志气大，二十岁就被选为生产队领导小组的副组长。去年，她二十二岁，又担任了生产队长。有的社员私下议论说：“顺娣还没有尝过海水的咸味，要当好这个家，恐怕不行吧！”她的思想也曾一度波动，认为自己带领青年人冲冲打打还可以，要领导全队抓革命、促生产怕不行。卢树南鼓励她说：“干吧，贫下中农撑你的腰，我又可助你一臂之力。像你过去初撑小艇运泥那样，不经过几次跌下水怎么能够熟练操作呵！只要上靠毛泽东思想，下靠广大社员群众，困难是可以克服的。”在老突击队队员的帮助下，卢顺娣坚定了信心，很快成长为一个好队长。她起早摸黑，白天带头参加劳动，晚上带领社员认真学习毛主席著作。为了夺高产，她在贫下中农和老突击队队员的支持和帮助下，大胆改革耕作制度，实行科学种田。去年，她急于推广“广二矮”和“秋前矮”等水稻良种，可是有些社员思想还有疑虑，说“将来减产你们当家的可要负责呵！”卢顺娣有些泄气了。卢树南及时帮助她，告诉她要推广良种，必须思想领先。一只艇一次不能把河泥撑完，大家动手事情才好办！于是，他们先在队委之间统一认识，又多次召开社员大会，分别和社员谈心，反复宣传良种的优越性和为革命种田夺取高产的重要意义。最后，社员们自觉地采用了良种。去年虽然遇到罕见的台风和病虫等自然灾害，粮食平均亩产仍然达到一千二百三十多斤。

一支最有生气的力量

——记新平一大队青年突击队的事迹

祖国，祝愿您更加繁荣昌盛！

——记海外侨胞在广州

浙江轻工业系统努力提高产品质量

河北兴建许多地方小煤矿

1972年5月6日，《人民日报》关于中山县青年突击队的报道（中山市档案馆供图）

1978年10月7日,《人民日报》报道:

《中国青年报》今日复刊

（摘选部分）

新华社北京十月六日电　中国共产主义青年团中央机关报《中国青年报》，十月七日在北京复刊。

复刊后的第一期《中国青年报》，套红发表了毛主席一九五五年为《中山县新平乡第九农业生产合作社的青年突击队》一文所写按语的手迹。毛主席指出：“青年是整个社会力量中的一部分最积极最有生气的力量。他们最肯学习，最少保守思想，在社会主义时代尤其是这样。希望各地的党组织，协同青年团组织，注意研究如何特别发挥青年人的力量，不要将他们一般看待，抹杀了他们的特点。”

……

复刊后的《中国青年报》，以一个多版的篇幅，以《学习毛泽东》为题摘要发表了周恩来同志一九四九年五月七日在中华全国青年第一次代表大会上的报告的第三部分。周总理在报告中，号召“全国青年团结起来，在毛泽东的旗帜下前进!”周总理在二十九年前的这一报告中指出，毛泽东的旗帜的发展，决不是偶然的、天生的。“毛主席是从几千年的历史的经验教训，近百年的革命运动，近三十年来的直接奋斗，生长出来的人民领袖”，“他是跟中国人民血肉相关的，是和中国的大地、土壤密切相关的”，“是从人民当中生长出来的领袖”。“毛泽东思想的特点，就是把普遍真理具体化，运用到中国的土壤上。”周总理指出：“学习毛泽东，必须是全面地学习”，青年们要“学习毛泽东整个的思想体系”。

这期《中国青年报》的第四版，在“党的光辉照我心”

的醒目标题下，以整版篇幅刊登了毛主席、华主席等领导人和青年们在一起的五幅照片，生动地反映出我们党和老一辈无产阶级革命家对青年一代的亲切关怀和殷切期望。这一期还刊登了《中国青年报》《中国青年》杂志合写的社论《肩负起历史重任奋勇前进》。

人民日报 1978年10月7日 星期六 第三版

在三大革命实践中发展马列主义、毛泽东思想

名牌产品访问记

《工人日报》昨天复刊

《中国青年报》今日复刊

1978年10月7日，《人民日报》第三版关于《中国青年报》今日复刊的报道，其中提到毛泽东主席为《中山县新平乡第九农业生产合作社的青年突击队》一文撰写“四最”按语（中山市档案馆供图）

2023年10月22日,《中国青年报》报道:

急难险重新　我们铁肩扛

——《中国青年报》历史版面中的青年突击队

编者的话：习近平总书记指出，把党的二十大描绘的宏伟蓝图变成现实，需要各行各业青年勇挑重担、冲锋在前。青年突击队是共青团富有优良传统的光荣旗帜，承载着一代代青年为社会主义建设前赴后继、艰苦卓绝的青春奋斗。

青年突击队曾是本报报道的主角。通过回顾青年突击队的光荣历史，希望引领广大青年努力成长为有理想、敢担当、能吃苦、肯奋斗的新时代好青年，在强国建设、民族复兴征程上贡献青春和力量。

中国青年报

服务青年成长　推动社会进步

共青团中央印发《关于加强新时代青年突击队工作的意见》

2023年5月23日,《中国青年报》第一版刊发《共青团中央印发〈关于加强新时代青年突击队工作的意见〉》

2021年8月，共青团中央发布《深化新时代青年突击队工作指引》。2023年5月，共青团中央印发《关于加强新时代青年突击队工作的意见》，对今后青年突击队建设作出进一步安排部署。

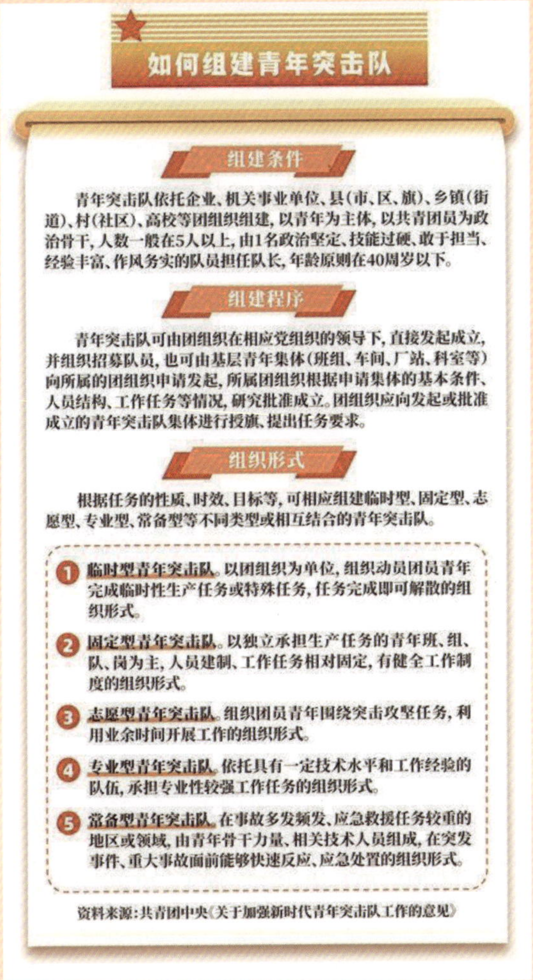
如何组建青年突击队

组建条件

青年突击队依托企业、机关事业单位、县(市、区、旗)、乡镇(街道)、村(社区)、高校等团组织组建，以青年为主体，以共青团员为政治骨干，人数一般在5人以上，由1名政治坚定、技能过硬、敢于担当、经验丰富、作风务实的队员担任队长，年龄原则在40周岁以下。

组建程序

青年突击队可由团组织在相应党组织的领导下，直接发起成立，并组织招募队员，也可由基层青年集体(班组、车间、厂站、科室等)向所属的团组织申请发起，所属团组织根据申请集体的基本条件、人员结构、工作任务等情况，研究批准成立。团组织应向发起或批准成立的青年突击队集体进行授旗、提出任务要求。

组织形式

根据任务的性质、时效、目标等，可相应组建临时型、固定型、志愿型、专业型、常备型等不同类型或相互结合的青年突击队。

1 临时型青年突击队。以团组织为单位，组织动员团员青年完成临时性生产任务或特殊任务，任务完成即可解散的组织形式。

2 固定型青年突击队。以独立承担生产任务的青年班、组、队、岗为主，人员建制、工作任务相对固定，有健全工作制度的组织形式。

3 志愿型青年突击队。组织团员青年围绕突击攻坚任务，利用业余时间开展工作的组织形式。

4 专业型青年突击队。依托具有一定技术水平和工作经验的队伍，承担专业性较强工作任务的组织形式。

5 常备型青年突击队。在事故多发频发、应急救援任务较重的地区或领域，由青年骨干力量、相关技术人员组成，在突发事件、重大事故面前能够快速反应、应急处置的组织形式。

资料来源：共青团中央《关于加强新时代青年突击队工作的意见》

如何组建青年突击队（制图：张玉佳）

新中国建设的一支生力军

青年突击队的诞生，是青年和历史的选择。

1954年1月13日，诞生了新中国第一支青年突击队。

那是个晴朗的冬日，在火热的北京展览馆（原“北京苏联展览馆”）建设工地，施工进入冬季最紧张的阶段，主要任务是要完成6000立方米的混凝土结构工程，关键在于支模板的木工。

当时，全工区有4000多名工人，其中有2000多名青年工人，团员约900人。工区党委向工人发出号召，在保证质量的前提下加快建设速度。很快，北京市第一建筑工程公司的18名青年团员凝聚成一个整体，胡耀林成为新中国的第一位青年突击队队长。

突击！——首战他们以3小时完成了通常7小时才能完成的水泥溜槽任务；一天完成了计划用两天做完的180根撑头。

再突击！——3根拱顶大梁，跨度均在32米以上，平均年龄28岁的青年们仅用181个工时便完成了原计划478个工时的任务，提高生产效率164%。整个拱顶工程提前两天完工。“小伙子们还真能干”，青年突击队得到了群众的信任。

胡耀林木工青年突击队打响了中国青年突击队的第一炮。不到一个月，工区又建立起瓦工、抹灰工、电气工、水暖工、混凝土工等6支青年突击队。

4月初，工区党委决定把露天剧场的紧急任务交给青年工人来完成，并把这一工段命名为“青年工段”。“青年工段”集中了木工、瓦工、机工等8个突击队。他们在同工种中开展挑战、应战的劳动竞赛，用55个工作日完成了原计划5个月的工程任务。

1955年1月15日，《中国青年报》对刚满周岁的青年突击队作出报道：“首都基本建设工地青年突击队的经验推广以后，在全国各地都普遍试建了青年突击队、突击组或突击班。截至1954年12月，据26个省、直辖市和自治区的不完全统计，基本建设工地已建立了突击队（组、班）650个，队员有1.2万人。”

与此同时，青年突击队也在农村推开。广东省中山县新平乡第九农业生产合作社成立了第一支农村青年突击队，他们不仅在推广先进技术和保证耕作质量上发挥了先锋作用，而且在爱护集体财产、维持集体利益方面也起到模范带头作用。

青年突击队确立了它在新中国建设中的地位——一支生力军。

中国青年报

一切为着社会主义！

中印兩國總理聯合聲明

周恩來總理離新德里前往仰光

友誼是和平的保證

周總理在新德里開記者招待會

在首都基本建設工地上 出現許多青年突擊隊

朝鮮人民訪華代表團離京返國

社論

組織青年生產隊參加勞動競賽是發揮青年工人積極性的一種有效方法

1954年6月29日，《中国青年报》第一版刊发社论《组织青年生产队参加劳动竞赛是发挥青年工人积极性的一种有效方法》

北京蘇聯展覽館工區青年突擊隊工作經驗

擁護中華人民共和國憲法草案

我們生活在各民族自由、平等的大家庭中

青年生產隊在蘇聯

1954年6月29日，《中国青年报》第二版刊登中国新民主主义青年团北京市委员会撰写的《北京苏联展览馆工区青年突击队工作经验》

三百闯山青年打通“青年洞”

党的二十大闭幕不久，习近平总书记在红旗渠考察时来到青年洞。当年，青年洞是红旗渠施工建设难度最大的地段，300多名青年组成的凿洞突击队，经过一年零五个月的英勇奋战，征服这一难关。

红旗渠边，习近平总书记强调，“年轻一代要继承和发扬吃苦耐劳、自力更生、艰苦奋斗的精神，摒弃骄娇二气，像我们的父辈一样把青春热血镌刻在历史的丰碑上”。

过去的河南林县（今林州市），沟壑纵横、土薄石厚、水源稀缺。当地曾流传着“光岭秃山头，水缺贵如油，豪门逼租债，穷人日夜愁”的民谣。

为了实现世世代代想水、盼水、找水的迫切愿望，结束十年九旱、惜水如命的窘迫境况，1960年春天，红旗渠开工了。

红旗渠是从太行山腰劈出来的。一条九峡十八断的漳河，在山西平顺县“侯壁断”被拦腰截住，凿洞砌渠、架桥引渡，牵上了太行山。红旗渠所经之处，都是奇岩险峰：太岁峰、老虎岩、鸻鹉岩、鹰嘴山、通天沟、小鬼脸、阎王眼……林县青年组成了飞虎队、除险队、突击队，在开山劈岭中，冲锋闯阵。

渠道修至“小鬼脸”被挡住了。要前伸，只有从“小鬼脸”上穿膛而过。“小鬼脸”连着狼牙山、阎王眼，好像一串大石板从天上直插下来，抬头看崖顶，光滑滑一刀切，低头望漳河，让人头晕眼花。

“顶住困难，就是胜利！”县委决定把这个任务交给青年，从几万青年中挑出300个精兵闯将，要他们去完成打通

"小鬼脸"这个艰巨任务，并且决定把这个隧道工程命名为"青年洞"。

"小鬼脸"，实在险！当年，郑国现、李世民、桑济周几个团员，唰地从崖头把鸡蛋粗的绳子扔了下来，说道："小鬼脸，有啥了不起？不就是戳个窟窿。"

"嗖"的一声，三人凌空而下。凿洞工程开始了。一色的火炼石，一锤砸个白点点，一炮炸个"鸡窝窝"。两天下来，10个指头肿成了鼓槌儿，一天才进0.3米。

怎么办？青年们想办法，三角炮、莲花炮、直炮斜炮，小炮套大炮……新技术一项接一项试验成功了。工效直线上升，从每天0.3米，提高到每天1.5米、2米……

青年突击队队员以不怕苦、不畏难、不惧牺牲的忘我投入，把红旗渠精神书写在万仞壁立的太行山上，也为一代代青年团结奋斗、勇挑重担刻下了精神坐标。

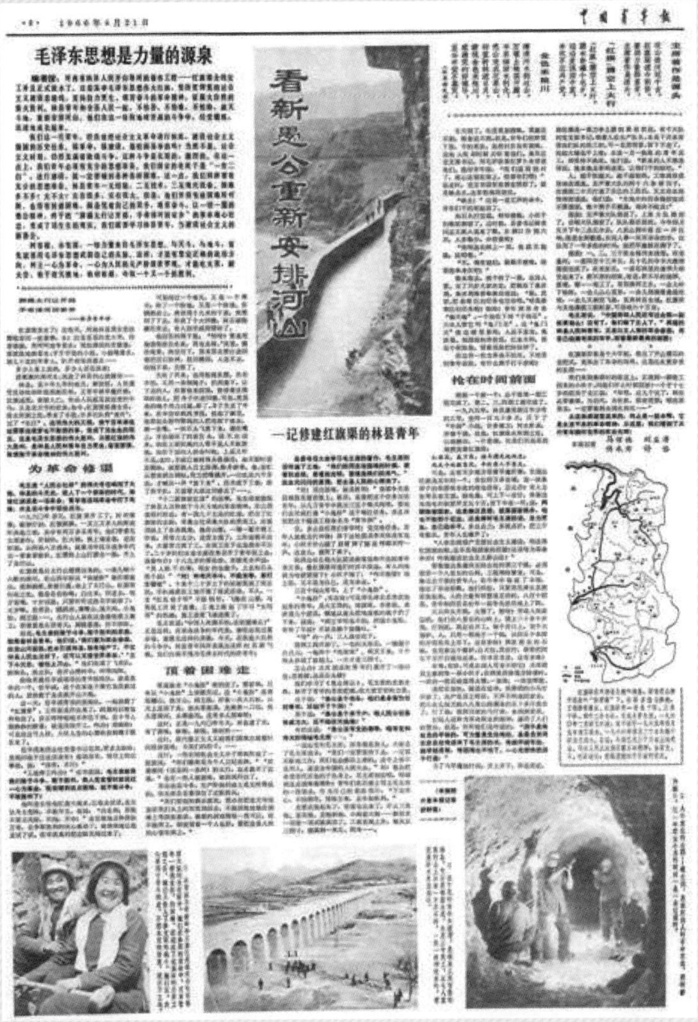

中国青年报

毛泽东思想是力量的源泉

看新愚公重新安排河山

——记修建红旗渠的林县青年

为革命修渠

顶着困难走

抢在时间前面

1966年4月21日，《中国青年报》第二版整版刊登赞颂河南林县（今林州市）红旗渠1条总干渠、3条干渠竣工通水的报道《看新愚公重新安排河山——记修建红旗渠的林县青年》。文章突出描写了林县青年发挥青年突击队作用，和林县人民一起发扬自力更生、艰苦创业、团结协作、无私奉献的精神修建红旗渠的艰苦历程

假如你要认识我，请到青年突击队里来

“灿烂的鲜花春风里开，闪光的珍珠大海里采，假如你要认识我，请到青年突击队里来。”这是一首20世纪80年代初为活跃在改革开放和经济建设中的青年突击队而创作的歌曲。

1984年2月，正当北国千里冰封的寒冷季节，《中国青年报》记者郑鸣来到吉林省白山水电站工地，扑面而来的是青年人蓬勃的朝气，突击队火红的战旗。

承担这项工程建设的水电部一局团委书记黄金珍描绘了1983年初“尾水突击会战”的情景：“也是和现在一样寒冷的季节，许多团员青年半夜零点下班后还跑到工地上参加义务突击，形容这种场面用‘热气腾腾’是最贴切了。你能想象得到吗，他们干到后来把棉衣、棉帽，甚至把绒衣都脱掉了，每个人浑身上下冒着热气，就像刚揭锅的馒头一样。可那是零下四十度的天气啊！休息的时候，他们围着篝火，喝几口酒暖暖身子。否则，衣服立刻就会冻成冰盔甲了。”

记者问参加过历次会战的突击队队员，为什么要放弃休息，甚至放弃高报酬的加班而来参加这些无报酬的突击呢？他们说：“需要突击的任务往往是工程中急于解决的困难。为工程排忧解难是我们青年的责任，也是我们共青团的光荣。建设这座电站，我们奋战了整整8年！我们几万名职工和家属的命运都和它紧紧连在一起了，有9000多个年轻人在这里度过了青春。所以说，我们的干劲不是用钱能买来的，我们早把自己的心都搭在这里了。”

1998年的抗洪大军中，青年突击队火红的旗帜格外耀眼夺目。

被共青团中央追授“抗洪青年突击队队员英模”称号的胡继成牺牲时只有23岁，他连续与洪水搏斗40余天，身负重

伤，带病上堤，搬着最后一个土袋倒在大堤上；湖北省监利县余杨村25岁的青年突击队队长杨书祥，在荆江大堤上拼了9天9夜，不幸被电流击倒；湖南省长岭炼油总厂24岁的青年突击队队员罗巍，在转战途中，为了保护身边的同事，被甩出车外；江西省进贤县二塘乡31岁的青年突击队队员文景星，不顾劳累和劝告，强行参加封堵决口，为救助遇险的队长，不慎一脚踩空掉入了漩涡……

湖北、湖南、江西、黑龙江、吉林、内蒙古等省、自治区的成千上万支青年突击队，整装到位，严阵以待。当狂风挟着暴雨、大堤面临严重滑坡的时候，团武汉市委青年突击队及时赶到，以血肉之躯筑成一道防浪的林。当长江龙王庙险段频频告急的时候，武汉铁路分局青年突击队主动请缨，全天候守护，最终使大堤安然无恙。当洪水漫上嫩江大堤的时候，团镇赉县委组成的4支青年突击队火速冲上，奋战一天一夜筑起了拦洪大坝……

青年突击队是英雄辈出的群体，是担负急难险重任务的生力军。聚集在“青年突击队”旗帜下的突击队队员们，没有辜负党和人民的期望。他们在抗洪抢险中的出色表现，赢得了各级党政领导和人民群众的高度赞扬。

1984年2月18日

他们迎着新世纪的曙光

——记战斗在国家重点工程白山水电站的青年

1984年2月18日,《中国青年报》第四版刊发《他们迎着新世纪的曙光——记战斗在国家重点工程白山水电站的青年》。吉林白山水电站是我国“六五计划”期间国家大型重点工程,《中国表年报》摄影记者郑鸣用手中的相机记录下奋战在白山水电站工地朝气蓬勃的青年人和突击队火红的战旗。突击队队员们说，需要突击的任务往往是工程中急于解决的困难，为工程排忧解难是青年的责任，也是共青团的光荣

中国青年报 CHINA YOUTH DAILY

1998年9月 2 星期三

标题新闻

朱镕基会见林业老英雄马永顺时说

下决心把砍树人变成种树人

青年抗洪英雄谱

生命的43天

——记"抗洪青年突击队员英模"胡继成

青年评论

看见伟大

第八次洪峰安然过荆江

重灾区青年外出创收自救 湖北团组织积极牵线搭桥

监利帐篷希望小学书声朗朗

外国记者团采访湖北灾区

扶贫接力静乐项目完成第二棒

公安严禁为子女升学大操大办

1998年抗洪大军中青年突击队火红的旗帜格外耀眼夺目，他们是英雄辈出的群体，是担负急难险重任务的生力军。《中国青年报》连续推出"青年抗洪英雄谱"栏目，向抗洪抢险中英勇献身的青年英雄、向为抗洪抢险救灾付出辛劳、付出牺牲的共青团干部致敬

哪里有急难险重，哪里就有青春身影

进入新时代，一批又一批青年突击队队员，在重大项目最前沿、自主创新第一线、乡村振兴主战场、“一带一路”大舞台、应急救援关键时、疫情防控要紧处，奋勇拼搏。

“哪里有急难险重，哪里就有青春身影。”“我们是青年，我们不上谁上！”关键时刻，青年突击队是总是冲在最前面的先锋力量。

新冠肺炎疫情发生后，青年不畏艰险、冲锋在前，50.8万支青年突击队、962.5万名青年奋战在医疗救护、交通物流、项目建设等抗疫一线。建设武汉火神山、雷神山医院时，青年建设者组建13支青年突击队，勇当先锋、敢打头阵。青年突击队这面鲜亮的旗帜，展示了中国青年在关键时刻、危难关头，扛得住压力、撑得住挑战、经得起考验的精神风貌。

2022年初，北京冬奥会如约而至，中国建筑集团先后组建万余支青年突击队奋斗在生产经营、工程建设、科技创新的主战场。“90后”青年霍文震牵头成立冬奥场馆“冰立方”项目青年突击队，鼓励和带动项目员工奋战在加工厂和试验场地，提前3个月完成架体搭设。

2022年11月12日，中国航空工业集团沈飞“罗阳青年突击队”队员们收到了习近平总书记的回信。10年来，中国航空工业集团全系统累计成立1.5万余支“罗阳青年突击队”，参与青年37万余人次，助力歼-20、运-20、直-20等国之重器翱翔蓝天。

方文墨是沈飞第一批“罗阳青年突击队”队员，他用手工精密锉削的方法创制出“文墨精度”。2018年，他又把精度提高到头发丝直径的约1/25。用一双双巧手为歼-20搭建“神经系统”的，是航空工业成飞的“娘子军”，这支由线束制造骨干组成的“罗阳青年突击队”积极攻克线束制造“卡脖子”技术难点，“屏蔽线剥线法和焊锡环加工法”已成为业界绝活儿。

新时代新征程新伟业，青年突击队面临着新的更大的挑战：新一轮科技革命和产业变革正在重构国际竞争新格局，面对新形势、新挑战，要求青年具有危机意识和忧患思维，围绕高水平科技自立自强、建设现代产业体系、乡村振兴战略、统筹发展与安全等“国之大者”，聚焦中心和大局，敢想敢为、敢破敢立，扛起青春强国新使命。

这是新时代交给青年的新课题。

中国青年报

沈飞"罗阳青年突击队"队员热议习近平总书记的回信

逐梦蓝天航空报国 踔厉奋发不负嘱托

习近平回信勉励中国航空工业集团沈飞"罗阳青年突击队"队员

在推动航空科技自立自强上奋勇攀登 在促进航空工业高质量发展上积极作为

回信

科技自立自强需要无数"罗阳式"新时代好青年

守护湿地珍禽

中国空间站"T"字构型组合体首迎"访客"

中国航天交会对接技术取得新突破

"新农人"华梦丽：

"神奇农场"里的别样青春

英雄远行10年 罗阳精神不朽

河南近百万名返乡大学生"向基层报到"

在基层沃土绽放青春之花

2022年11月14日，《中国青年报》第一版报道习近平总书记给中国航空工业集团沈飞“罗阳青年突击队”的队员们回信，勉励他们学习贯彻好党的二十大精神，为建设航空强国积极贡献力量

中国青年报

ZHONGGUO QINGNIAN BAO

全国新长征突击手、先进团支部代表会在京开幕

创造物质财富当英雄 建设精神文明当模范

习仲勋同志到会讲话 韩英作题为《让青春在四化建设中闪光》报告

在全国新长征突击手、先进团支部代表会上

习仲勋同志的讲话

共青团中央向中国女排授锦旗

号召全国广大团员青年从四方面学习女排精神

陈爱武等财贸青工赴日访问

台子小学入学人数有增无减

献给女排

二十八日在京闭幕

破除迷信，警惕伪科学

1979年3月1日，共青团中央发出《关于在全国青年中开展“争当新长征突击手”活动的决定》。1981年11月24日，《中国青年报》第一版报道全国新长征突击手、先进团支部代表会在京开幕。当天第一版还报道，共青团中央向中国女排授予“全国新长征突击队标兵”锦旗

中国青年报

ZHONGGUO QINGNIAN BAO

首都隆重举行纪念五四运动六十六周年大会和全国新长征突击手（队）表彰大会闭幕式

为振兴中华的伟大事业立志奋斗

一九八五年五月三日在全国新长征突击手（队）表彰大会上的讲话

郝建秀

共青团中央关于命名表彰全国新长征突击手（队）的决定

一九八五年五月三日

社论

做奋发进取的新一代

——纪念"五四"青年节并祝贺全国新长征突击手（队）表彰大会闭幕

继续在国家重点建设中建功立业的倡议书

1985年1月3日，共青团中央发出《关于召开全国新长征突击手（队）表彰大会的通知》，评选表彰1000名全国新长征突击手和200支全国新长征突击队。1985年5月4日，《中国青年报》第一版报道纪念五四运动66周年大会和全国新长征突击手（队）表彰大会闭幕消息，发表社论《做奋发进取的新一代》

中国青年報

ZHONGGUO QINGNIAN BAO

青年突击队

江泽民总书记题写队名鼓励团员青年劳动创造

团中央要求大力组织青年突击队

中共十三届八中全会在京举行

全会审议并通过了《中共中央关于进一步加强农业和农村工作的决定》

全会确定中共十四大于明年第四季度在京举行

奋发图强 艰苦奋斗 以改革和建设的优异成绩迎接党的十四大

标题新闻

你好，这里是4015039——青春热线

上海公开通缉99名在逃者

一周内已有13人归案

河南省青少年研究所成果丰硕

第三届中国艺术节明年二月举行

国际风云 GUO JI FENG YUN

1991年11月30日，《中国青年报》第一版报道江泽民总书记为“青年突击队”题写队名。共青团中央发出通知，要求各级团组织，响应党的号召，大力组织“青年突击队”，深入进行劳动创造

第二部分　口述历史

见证那段燃情岁月

万亩沙田，誓言铿锵；千里水乡，歌声嘹亮。

1954年的一个寒冬之夜，珠江口的大沙田里，中山县新平乡第九农业生产合作社的24名青年郑重宣誓，成立了青年突击队，向一场罕见的旱灾发起阻击战。

在短短的两年内，这群年轻人靠着不怕艰苦、无私为公的坚定意志，克服重重困难，带领全体社员迈过了合作化运动中的一道道难关，创造了为人称道的业绩。

毛泽东主席了解这支青年突击队的事迹和经验后，写下了“最积极、最有生气、最肯学习、最少保守思想”的“四最”按语。新平乡第九农业生产合作社青年突击队，成为全国最早的一批青年突击队典型，在全省乃至全国树立了一面旗帜。“四最”按语，至今仍激励着一代代青年奋发图强、砥砺前行。

珠江之水奔腾不息，发展的征途永远向前。我们追忆那段青春岁月，追寻“四最”按语的深层内涵，从亲历者和见证者的口述中打捞那段激情燃烧的历史。

（一）亲历者说

驻点的团委青年干部、下乡的知识青年、全县唯一的植保专业技术人员、合作社的生产能手、生产队的女队长、加入突击队的12岁小姑娘……

他们是新平乡生产合作化运动的参与者，是新平乡青年突击队成立这段历史的亲历者。历史远去，他们的记忆成为指引人们追索这段燃情岁月的“路标”。

陈诗博：毛泽东主席为新平乡青年突击队写下按语

陈诗博，原青年团粤中区委青年干部、《中山县新平乡第九农业生产合作社的青年突击队》一文的作者（资料图片）

我1932年在越南出生，但是我的祖籍在海南，短暂地在海南文昌生活过。

离别新平乡几十年之后，旧地重游，回忆起当年与青年突击队队员们共同战斗的岁月，感慨很深。我觉得农村发生了翻天覆地的变化。旧时的茅棚全部变成瓦房，狭窄的道路全部变成水泥路，生产蒸蒸日上，我感到很高兴。

当年“九社”(指中山县新平乡第九农业生产合作社）青年突击队的大部分队员都已经去世了，如今,“四最”按语的精神内涵和当年青年突击队的战斗精神，仍然是激励一代代青年奋勇向前的精神动力。

为什么要组建青年突击队?

1954年夏粮征粮完成之后，我去了新平乡，当时是受粤中区党委和青年团粤中区委的派遣，到新平乡工作。后来，我在那里与“九社”社员共同战斗了4个月左右。

当时为什么要组建青年突击队呢？就是因为当时正在搞秋季备耕，生产面临着很大的困难。季节紧、时间迫、任务重，一定要在咸潮到来之前入好泥，要在80天内入好6万艇泥，而且沙田（地区）人少田多，这个任务很艰巨。

时任团中央书记处书记的胡耀邦曾到广州做过一次报告，我当时参会。他提出要根据毛泽东主席提出的“按青年的特点开展青年工作”的指示，在合作化运动中发挥青年生力军作用，于是我将会议精神传达给新平乡社委，研究组织青年突击队，发挥青年作用，完成备耕任务。

我提出组织青年突击队，社党支部和社委会非常支持。当时，我和合作社副主任梁务仔研究组织青年突击队的时候，梁务仔圈定了12个人，我们觉得（人数）太少。

当时，一些社员思想上想不通，执行突击任务没有工分，很多人不愿加入。有些家长，一是怕突击任务重，累坏孩子身体；二是担心青年人骄傲自大，处理不好与社员之间的关系。

后来我和梁务仔、社委分头做社员工作，讲清楚办好合作社与社员利益之间的关系，讲清楚组织青年突击队对办好合作社的重要意义。后来，很多社员慢慢想通了，“九社”的青年突击队很快从原来的12人发展到20多人，最后到36人。

青年突击队平均年龄20多岁，队长梁碧南当时25岁。梁碧南原来就是合作社的骨干和积极分子，还是生产能手，做了突击队队长之后，他对队内事务也是亲力亲为，是一位非常好的队长。社委会党支部经常表扬他，我写的通讯里面多次提到梁碧南。这支青年突击队当时在入泥、播种、育秧、插秧等一系列的生产活动里充当了新力军的作用。

刚开始的时候，整支突击队是集中统一行动的，后来因为各生产队生产进度不同，突击队集中统一行动的话，会阻碍各队生产。于是，突击队就分开行动，分别组成突击小组。各组由突击队统一指挥，与社员一起行动。但是如果社里碰到重要任务，全队就要集中进行突击。

当时，突击队和党支部、社委会之间的关系非常好，服从党支部和社委会的领导，当好社委会的参谋，另外，也与社员搞好关系，做出效果后再来说服社员，克服保守思想。突击队本身内部氛围也很好，晚上唱歌跳舞，还搞了村图书馆，购买了书籍。

队员们不仅苦干，也有巧干。苦干，就是确实比其他社员干得多一点，而且承担困难多一点。巧干，就是青年队员虚心学习，然后想办法提高效率，他们提出的口号是："保证质量、不争工分，为办好社（合作社）、为社会主义做贡献。"

当时，青年突击队在除虫、密植、除草等方面做出了很不错的成绩，得到社员赞扬。社员们看到队员们大公无私，没有争工分，每项工作都高质量完成。有社员说，"青年突击队队员是'社胆'。有了'社胆'，就是天大的困难都不怕"。可见队员们和社员之间的关系也非常好。

青年突击队，是集中青年的精英，发挥大公无私的精神，去完成突击任务，或是重要的农事革新活动。这个队伍自担风险，无私贡献，自青年突击队组建以来，也培养了一批干部骨干。

第一个艰巨任务："入泥"

队伍成立后的第一个艰巨任务就是"入泥"。

80天完成6万艇的入泥任务非常重。入泥的时候天冷地冻，要泡着水干活。当时很多社员都认为，要完成这个任务比登天还难。

于是，队员们研究要如何发挥青年突击队的干劲，来带动社员完成这个任务。青年突击队队员积极响应毛泽东主席号召，他们顶着寒冬天气，克服腰酸骨痛的辛苦，后进的追先进的，掀起了"入泥"竞赛的热潮。

刚开始的时候，队伍中有些女队员力量比较弱，她们入泥的艇数往往排在末尾。她们不服气，提出了"争取多入泥，不争工分，保证质量"等口号，请教有经验的农民，想办法提高入泥艇数，提高效率。在他人指导下，这些女队员入泥的效率快速提高，排到了前列。

我印象比较深的有两位女队员。一位是梁银娣，因为力量不如男队员，刚开始指标落后，但她不甘落后，提出与男队员开展竞赛，争取提高效率。为了弥补力量弱的劣势，她的办法是早出勤、晚收工，效率慢慢地跟上了男队员。梁银娣最后入泥的数量甚至超过一些男队员，排名前列。

队员梁允腾是当时较早一批队员中最年轻的，不到18岁，刚开始入泥的时候总是排名最后，因为力量不够。但是他有志气、不服输，他在别人休息的时候向有经验的农民请教，不断提高入泥效率。最后，他总结经验，用"倒缩取泥"的办法巧干，大大提高了效率，从排名最后追赶至排名前列。其他队员看到他的案例，也纷纷奋发向上。

青年突击队还在带动突击队队员和社员一起发起劳动竞赛，形成了生龙活虎、热气腾腾的局面，那些艇穿梭在田野中，就像炮艇穿梭在战场上一样，令人振奋。

在这样的情形下，全社入泥数量从原来的每天280艇增加到410艇，后来，还破纪录地达到一天1030艇，提前完成了当时备耕入泥任务。

当时我是驻队干部，不会撑艇，不会入泥，只能在旁边为他们鼓劲加油。这样的场面深深吸引了我，我对这批青年非常佩服，对他们的劳动热情和业绩非常赞赏。我很感慨，沙田的青年思想单纯，接受教育很快，将爱党、爱国、爱社、爱劳动的理念，化作了强大的动力，把自己的青春奉献给了社会主义事业。

把“样板”搞起来

突击队成立的第二年，碰到一个很大问题：要在咸潮之前将2000多斤的谷种播下去育秧。

但是在当地已经无法完成这个任务，因为咸潮很快要来了。

合作社研究之后，决定去番禺东隆乡借地播种育秧，这是一项非常艰苦的工作，要带着2000多斤的谷种，跑40多里路，还要到当地搭棚睡觉看守管理，因为蚊虫多，几乎整晚不能成眠。

当时提出这个方案的时候，很多社员感到畏难，就说不管咸潮来不来，就在当地播种算了，有抵触思想。于是党支部和社委会就找青年突击队开会，说明目前面临的重大问题，秧育不好会影响收成，讲清楚道理和利害关系。

青年突击队主动向社委请命，突击队派出10多位青年，担着2000多斤谷种跑了40多里，到番禺播种。队员们住在田头，一直到育秧完成，把秧苗担回来，出色地完成了这个任务。

结果，最后咸潮提前到来，如果当时不去番禺育秧，将会造成重大损失。看到这个情况，当时反对到外地育秧的社员感到心服口服，纷纷表示社委当时的决定是正确的，并对青年突击队请命担当的精神表示赞扬。

到插秧的时候，新技术来了："大行变密植。"以前习惯大行种植，那些社员就说，这怎么行，出来了连米都没得吃。但经过做工作之后，青年突击队先带头相信科学，搞了个样板出来给社员看，产量提高后，慢慢带动社员开始接受了新的种植技术。

当公社发动群众除虫害的时候，还碰上了一些封建迷信、思想保守的人。他们说："地下没虫，天上没龙，虫会自生自灭，你何必去搞它呢?"但是螟虫不除，就可能没有收成。当时县委下文要求除虫，用杀虫药杀虫，一些社员却说撒药会影响收成。

为了保障农业生产，党支部和社委会找了青年突击队开了座谈会，专门谈这个问题，学习了解关于消除第一代三化螟虫的重要性和急迫性。青年突击队队员们明确表示，要和保守思想作斗争。但斗争不是说批评，而是要突击队先作试验田，用工作效果说服和影响社员。

青年突击队在社里先搞起了试验田，队员们做试验，撒药。然后把螟虫的卵带回来给社员看，如果不除，未来将生出大批螟虫出来，影响收成。由于当时杀虫及时，第一代三化螟虫被扑灭在盛发期之前。当年，合作社的水稻亩产量由300斤提高到700斤，取得农业生产合作社成立后的第一个丰收。社员看了试验田信服了，这说明教育的效果非常好。

成为全国榜样

在新平乡青年突击队成立之前，时任团中央书记处书记的胡耀邦同志曾到广东做过一次讲话，他提出，要根据毛泽东主席的指示，按照青年的特点开展青年工作，并发出号召，组织成立青年突击队，充分发挥青年的拼搏精神，在合作化的生产运动中，发挥好尖兵作用。

1955年夏天，青年团粤中区工委在佛山召开第一届青年代表大会，大会指定中山县新平乡青年突击队在会上介绍经验。梁碧南代表青年突击队参会发言。我和梁碧南研究讲什么、怎么讲。我列出纲目写讲稿，但考虑到梁碧南文化水平不高，照稿来讲可能不生动。所以我当时列出纲目，让他按照纲目脱稿讲，将当时青年突击队在各项生产活动中发挥的作用讲出来。梁碧南记忆力很好，而且他参加了青年突击队的所有活动，对情况非常了解，当时他讲得不错，赢得了掌声。

当时华南团委的一位领导到会指导工作，他立即约我到他住处，把这个讲稿交给他。当时他让我谈一下那3—4个月以来在新平乡的工作体会，我一边讲他一边详细记录。他非常重视，后来他把《中山县新平乡第九农业生产合作社的青年突击队》这篇文章交给华南团委的团刊发表了出来。

之后这篇文章又被送到中央，胡耀邦同志看到之后非常高兴，非常重视。他说这篇总结新平乡九社青年突击队业绩和经验的文章，充分体现了毛泽东主席关于青年工作要根据青年特点来开展的指示精神，并亲自拿着文章向毛泽东主席作了汇报。

我听说，毛泽东主席看了之后说“很好”，立即写下了

“四最”按语，后来编入了《中国农村的社会主义高潮》。胡耀邦认为，毛泽东主席批写的“四最”按语是当时青年工作的重大方针，指导性很强，于是以团中央的名义，发文给各省级团委，号召全国青年广泛深入学习毛泽东主席“四最”按语和“九社”青年突击队的经验，在合作化中发挥青年新力军的作用。这立即掀起了一股学习高潮，我知道当时北京市首先掀起学习高潮，北京高校也学习了这个“四最”按语和“九社”青年突击队的经验，所以“九社”青年突击队就这样以非凡的业绩成为全国青年学习的榜样。

“九社”青年突击队之所以成功，最重要的还是党的重视和支持，当时村党支部和社委会都非常重视青年突击队工作，社员很多时候开展工作都邀请青年突击队队长参加，一起研究社务。青年突击队干出成绩的时候，也会受到表扬和奖励，评选优秀社员，给予物质奖励。突击队要发展队员，党支部和社委会都会亲自向社员家庭做思想工作，说服家长支持孩子入队。

传承“四最”按语

我在新平乡一共工作3—4个月的时间，其间，我和青年们共同战斗。

当时，各级团组织都非常重视青年突击队的发展，青年团粤中区委书记多次让我回去汇报工作，他要求把青年突击队的活动写成通讯，上报各级团委，华南团委、粤中区团委、中山县团委等各级团组织刊物都有刊登过这篇文章。所以，新平乡九社青年突击队的成功，与各级团委的重视是分不开的。

毛泽东主席“四最”按语，激励了“九社”青年突击队和我的一生，我们把它作为人生前进的动力。

1975年，“九社”青年突击队成立20周年的时候，佛山掀起了学习新平乡“四最”按语的热潮。当时我不搞农业了，我去了佛山市工委搞工业。我每次来中山都打电话给梁碧南了解“九社”生产等情况。

我、社委会和党支部最欣赏当时青年突击队的特质，主要有五点：

一是思想好。我们党支部社委会不是为生产而生产，而是利用一切时间组织青年学习团章，争取更多青年入团，争当优秀社员，传达胡耀邦号召的青年突击队当合作生产生力军的精神，学习团刊，所以新平乡这批青年接受思想教育多，思想提高得快，这一点和中山县委等各级团委在合作化运动中重视青年工作，进行爱国家、爱家乡、爱社的教育工作是分不开的。为什么他们接受得这么快？因为有这样的思想基础。

二是决心大。当时面对这么艰巨的任务，怎么办？青年突击队的同志就坚决听社委会和党支部的安排，下决心当合作化的生力军，当合作社生产的尖兵。他们在各项运动中起到了带头作用，创造了优异成绩，得到社党支部和社委会的表扬。36人中几乎9成当了优秀社员，5人入团，确实起到了生产尖兵的作用。

三是不保守，相信科学。因为当时在除草、虫害消灭、密植等方面村民受原有思想影响，抵触情绪很大，但是青年突击队就是在党支部和社委会领导下坚决执行，做出成绩再向社员宣传，用效果说服社员。这种思想当时很受党组织的欣赏。

四是劳逸结合，组织和谐团队。青年突击队利用晚上和短暂的农闲时间组织学习团章，同时根据青年的要求，组织唱歌、跳舞等文娱活动，活泼身心，使得这个团队充满活力和谐的氛围，从而吸引越来越多的人参加，团队从最早12人发展至36人。

五是虚心学习，不断提高自己农业技术水平。我们经常教育他们不骄不躁，要虚心向有经验的农民学习。在开展农业生产的各方面，青年们通过请教学习改进技术，提高了劳动效率。

毛泽东主席“四最”按语和“九社”青年突击队的业绩和精神影响了一代代青年，激励他们弘扬“四最”按语的精神内涵，奋勇向前，为祖国建设作贡献。这种精神不会消逝，只会更加发扬光大。

采写时间：2022年4月

文字整理：陈利城　何伟楠

卢顺娣：女生产队长“不让须眉”

卢顺娣，原新平乡第九农业生产合作社青年突击队队长（连婉晴　摄）

1965年，我参加了青年突击队，那时年仅16岁。当时加入青年突击队的人，都是很积极、有干劲的一群年轻人，他们个个都敢想敢做，第一批青年突击队队员的精神鼓舞我前行。

我们中山民众镇近大海，春耕备耕很辛苦。秧苗受咸潮影响很严重，在本地下秧很难成功。青年突击队队员就去番禺东隆乡育秧，这么艰苦，他们依然很有干劲。他们说“落雨当落雾，碰到石头当蔗渣”，这样的精神让我感动。

1968年，生产队投票选举队长，我的票数最多。当时的生产队很少有女队长，我觉得自己能力不够，需要继续向老队员们学习，所以一直推辞。

大队干部说：“女青年也没问题，我们相信你有能力胜任。”

在群众和干部的支持下，我接下了这个重担。

拿出决心来，辛苦点不怕

我上任前，生产队每人每个月可分到36斤稻谷。

为了提高庄稼的产量，我常常向有经验的农民取经，学习总结他们的劳动经验。经过一番努力，最后生产队每人每月分到的稻谷提升至55斤。

“最积极、最有生气、最肯学习、最少保守思想。”这是毛泽东主席为中山县新平乡第九农业生产合作社青年突击队写下的“四最”按语。在“四最”按语的鼓励下，我们积极学习老队员的经验，取长补短，就算有困难，咬着牙也要去克服。

当时新平乡田地低洼，一下雨，低洼土地就被水浸泡了，种不了粮食。

于是，我们跟着老突击队队员学习入泥技术，解决生产问题。突击队带领群众撑艇入泥，升高田地，一天要入七八十艇泥。以前地势低，产量就低，每亩产量只有三四百斤，入泥升高地势后，产量涨到每亩七百多斤。

我们有30多个老同志，20多个青年突击队队员，一共50多人参加撑泥。那时候我们经常累得腰骨痛，直到现在，我还能记得那种辛苦。但在当时，觉得非常充实，干活也开心。上级党委领导信任我，其他青年突击队队员鼓励我，我竭尽全力把自己手上的事情做好。

那个年代物资缺乏，热天没有风扇，我们累了就到树荫底下乘凉。天黑没有电灯，晚上干活自己点灯。我跟队员们讲：“拿出决心来，辛苦点不怕，我们用心努力做好工作，歇一歇就继续干活。”

青年突击队带头，整个生产队都参加多种经营

当时市场上正缺砖，我带头组织生产队办砖厂，增加社员收入。白天要开工“撑泥”，夜晚“担砖”，有时做到十二点。

我们年轻的突击队队员亲手制作烧砖的砖模，全部砖都是手制的，砖料放进去，压实它，晒干才烧得出来。

那个年代条件落后，社员住的房屋都是搭禾秆寮（禾秆搭的棚），扒泥窗。我们用自制砖建起了房子，搭好了牛棚，修好了公家的粮所仓库，剩下的砖卖出去赚钱，社员们都很欢喜。

为了增加社员收入，我们外出参观学习，回来以后带头开展多种经营，种莲藕、番茄、柠檬、番石榴、菱角等等。还在甘蔗地间种花生，甘蔗一亩可产上万斤。

当时有人提出反对意见，说这样干太辛苦了。我一点点解释给乡亲们听：“有今天这么好的收入，全靠大家的努力和奋斗。搞多种经营是为了增加收入，多给大伙分点钱，大家就要辛苦勤干一些！”后来，由青年突击队带头，整个生产队都参加了多种经营。

1972年，中山市委领导带我去苏州参观人家种小麦，回来以后带头试验稻地种麦，在没割稻谷时把小麦种下去，也有三四百斤一亩。

花生也是生产队学习回来后种的。种的花生榨出油分给那些社员，缓解了缺油的问题。我后来又去北京参观学习养殖北京鸭，回来后我们生产队也养了好多批北京鸭，个头大肉质好，为我们增加了不少收入。

一年任职期限结束后，社员说：“我们继续选你做生产队

队长!”

为什么大家觉得好?因为粮食分得多、钱也分得多。曾经分钱是用工分来计,一工分可以分到五分钱,我上任之后,一工分可以分到一角半。

粮食高产出名了,佛山市领导带队过来学习。当时一位团省委领导十分肯定我的工作,说“这个女青年把生产搞得这么好,很应该表彰”。

不计较个人利益,召之即来、来之能战,我想这样的奋斗精神,无论是哪个时代的青年都应该传承和学习的。

采写时间:2022年4月

文字整理:陈利城　苑世敏　杨慧荣

潘月兰：艰苦中不觉辛苦，生活充实又快乐

潘月兰，原新平乡第九农业生产合作社青年突击队第一批队员（李姗恒　摄）

加入新平乡青年突击队的时候，我12岁，是第一批青年突击队队员中年龄最小的。

1954年冬天，我看到新平乡的青年突击队平时干农活很有劲头，晚上也常常聚在一起唱歌、跳舞，很活跃。看到能干活干得那么高兴，我决心也加入青年突击队。

因为充满干劲，大家都不觉得辛苦

那一年，咸潮特别严重，很多秧苗被咸水浸坏了。当时有一项紧急的任务，去河涌里“撑泥”，就是靠人力挖河道里的淤泥，再用小艇运到稻田里，垫高低洼的稻田，让水稻秧苗免受咸潮的侵害。

按照分工，我们负责撑船入泥。我们撑船通过堤坝的入口，男队员在上面利用脚力踩动“绞关”，通过绞绳拉动小船，从地势比较低的稻田进入到外面水位较高的河道中。

河道里也有专门用来挖泥的“绞关”，小艇装满泥后，我们撑船从堤坝的出口回到稻田里，将船里的泥倒在稻田中。

我们天没亮就开工了，到上午10点半开始午休吃饭，中午12点半继续开工，一直工作到下午5点半收工。

当时是冬天，天气还很冷，伸手到水里都能捞到冰碴，但大家都热情高涨、干劲满满，一投入劳作，就不觉得冷了。刚开始干活我们还穿着棉衲（棉袄），一阵工夫就热到把棉衲脱了。

通过入泥，河泥不断堆积，稻田持续抬高，秧苗就不容易被浸死，同时稻田的肥力也增加了。咸潮来临时，如果秧苗被浸死，我们还要撑船去黄圃育秧，完成后再运回来重新插秧。

当时，青年突击队就是这样，什么工作艰苦、什么工作紧急，就去做什么。我记得，每到7月份雨水多，下大雨的时候，秧苗会被雨水冲倒，青年突击队队员要冒雨去扶苗；10月份开始冬种，种番薯，但是11月、12月天气就开始转冷了，番薯还没到成熟的时候，以前的冬天比现在冷很多，还会下雪（指“霰”），有时候三更半夜如果突然下雪（霰），我们就要带领生产队的社员，去收大概50亩地的禾秆来给番薯遮雪（霰）抗冻，否则番薯就会被冻坏。

当时，白翼仔（三化螟，一种农业害虫）很多，青年突击队队员还要组织发动社员，与他们一起晚上点燃煤油灯诱杀害虫。

要说最辛苦的时候，还是农忙时节。当时没有拖拉机，生产队的牛也不够用，那就用人来当牛用。年轻力壮的青年突击队队员，就靠自己的力量拉动耙犁去耕田。

因为当时年轻，也因为充满干劲，大家都不觉得辛苦。

为了一个共同的革命目标

当时，青年突击队里的氛围很好，大家很团结，你帮我，我帮你，不会那么计较，就像歌里唱的那样："我们都是来自五湖四海，为了一个共同的革命目标，走到一起来了。一切革命队伍的人，都要互相关心，互相爱护，互相帮助。"（歌曲《五湖四海》）

我年龄比较小，大家也会照顾我，如果我要担比较重的东西，他们会过来帮忙。当时，青年突击队队员中，男女人数基本上是一半一半。但在工作上，我们从来不分性别，别人拿铲子，我也拿铲子；别人能做好，我也能做好，女孩子也能不输给男孩子。

那个时候，佛山地区（实际为共青团粤中区委青农部）的陈诗博教我们唱歌跳舞，大家都很开心，白天干农活，晚上就聚在一起唱歌跳舞。那时候的工作虽艰苦，但从来也不觉得辛苦，觉得生活既充实又快乐。

在突击队里学到了很多歌曲，我以前很会唱的，现在嗓子不行了，没那么会唱了。但是歌词我还记得很清楚：

"青年，是整个社会力量中的一部分最积极、最有生气的力量。他们最肯学习，最少保守思想，在社会主义的时代尤其是这样。"（歌曲《青年是整个社会力量中最积极、最有生气的力量》）

"因为我们是为人民服务的，所以，我们如果有缺点，就不怕别人批评指出。不管是什么人，谁向我们指出都行。只要你说得对，我们就改正，你说的办法对人民有好处，我们就照你的办。"（歌曲《领导我们事业的核心力量》）

“下定决心，不怕牺牲，排除万难，去争取胜利。”(歌曲《下定决心不怕牺牲》)

“青年突击队顶呱呱，碰到石头当蔗渣，落雨当冲凉，落雪（指‘霰’）当落雾。”当时，大家喜欢这样说，意思就是当时青年突击队队员做事很犀利（厉害），不怕艰苦。

在青年突击队里，我认识了我老公，当时他在突击队里工作也很勤快。

结婚后，我们夫妻两人耕种了13亩地，养育了4个孩子。当年在青年突击队的故事没有特地讲过给孩子们听，但孩子们也耳濡目染，从小就跟着我们夫妻俩去劳动，也就慢慢懂得了吃苦耐劳，做人也都脚踏实地。

现在的生活不像我们那个年代那样艰苦了，但是那种不怕艰苦的精神，我想是每个时代都需要的。

采写时间：2022年4月

文字整理：何伟楠　李姗恒

梁森桂：青年，推动农村农业发展的一支重要力量

梁森桂，原新平乡青年突击队队员，曾任新平二村党支部书记（李姗恒　摄）

1955年，我还在读初中。当时，新平乡下辖有新农、新平、新兴、新中4个村，后来这几个村又分别改名为平一村、平二村、平三村、平四村。我家住在新平村（即后来的平二村）。

1954年春天，新平乡第九农业生产合作社在新农村（即后来的平一村）成立了。当年冬天，新平乡第九农业生产合作社成立了青年突击队，这是当时整个中山县成立的第一支青年突击队。可以说，这里是中山青年突击队的发源地。

我听当时的村干部说过，青年突击队队员干活很积极，什么事情都是带头干，最困难的工作，都是青年突击队队员上。

那是我对青年突击队队员的第一印象。

心里有信念，干活就有力量

青年突击队在新农村成立之后，这种形式很快向另外三个村以及整个中山县铺开。

1958年，我读完初中，回到新平村参加劳动。当年，我加入了青年突击队，当时队里已经有二三十名队员。

当时，村里举办过很多劳动比赛，我记得有插秧、割禾、入泥、积肥比赛，如果获得了名次就会有奖品，比如口杯、文化衫、草帽等等。

记得有一次插秧比赛，新平乡4个村、39个生产队派了很多插秧能手参加，一人一天的时间内插完一亩四分地，我当时获得了全乡第一名，奖品是一只鸭子。

当时，农村还没有化肥，土地很贫瘠，村里的土办法是到珠江口去捞白蚬沤有机肥。在村里挖一个坑，把捞回来的白蚬倒进去，经过十天左右的发酵，就可以当作有机肥撒到田里，提升土地的肥力。

说到积肥，也有过一次最为惊险、让我印象最深的经历。

1960年的夏天，大概是六七月份，我和弟弟都是青年突击队队员，当时我们兄弟两个和另外一对兄弟一起，乘两艘小艇去岚山附近捞白蚬。

大约下午4点钟，我们在渡口附近发现一个有很多白蚬的地方，但是当时已经开始涨潮，水位升高很难捞到白蚬。我们又不想空手回去，于是我们就将竹竿插到淤泥中做标记，并固定好小艇，准备在艇上过夜，等到第二天退潮后继续在这里捞白蚬。

谁知，睡到凌晨，横门口突然开始刮起大风，下起大雨，短短十分钟，我们两艘艇就被吹到了珠江口，小艇被吹得不停摇晃，我们都很害怕。大概凌晨两点左右，风向变了，小艇又被吹回岚山（横门口附近的一座小岛），我们跑上岚山的一个采石场待着等天亮，浑身都被蚊子咬了很多包。

这场大风一来一回大概半个小时，很惊险。那时生产物资匮乏，还有很多困难要克服，但只要心里有信念，干活就有力量。

年轻人冲在前面

除了捞白蚬沤肥，入泥也是提升水田肥力的一个重要方式。

当时我们和其他的青年突击队队员经常到附近的田基沙沥（河涌名）去“撑泥”（挖掘河涌里的淤泥运送到水田里），这样水田的肥力会越来越好，同时也对河涌起到疏通的作用。

当时，民众以农业为主，主要是种植水稻，青年突击队队员就是最主要的劳动力，包括积肥、种田、收割、撑泥，凌晨四五点就开工，有时还会开夜工干到晚上十一二点。

青年突击队里的年轻人思想单纯、肯学习，没什么保守思想，听党话，不怕冷、不怕热、不怕风、不怕雨，党组织说要干什么就干什么。最艰苦、最辛苦的工作，也是青年突击队这帮年轻人冲在前面，人人都愿意为集体出力，甚至如果没被安排到工作都会有意见。

那种单纯、积极又热烈的干劲，没有经历过那个时代的人可能很难想象和理解。

青年突击队队员们在当时起到了很好的模范带头作用，也极大地促进了农村生产。青年突击队里，也培养出了一大批党员干部。

1958年，我参加突击队的同时，也在生产队当干部；1961年，我在新平村（平二村）任村干部；1966年，我开始担任新平村村支书。在农忙的时候，青年突击队队员从事农业生产；农闲的时候，就作为民兵队员开展集训。

青年一直是推动农村农业发展的一支非常重要的力量，也是推动社会发展的重要力量。

采写时间：2022年4月

文字整理：何伟楠　李姗恒

郭连坤：大家像比赛一样你追我赶，干活的积极性高

郭连坤，原新平乡第九农业生产合作社青年突击队队员（卢子衡　摄）

我生于1937年，在十六七岁时就参加了新平一大队青年突击队，成了第九生产合作社的第一批队员。当时，第一任青年突击队队长梁碧南和下乡的学生干部陈诗博下来做宣传，组织年轻人一起学习一起搞生产，晚上还会聚在一起唱歌跳舞，非常活跃。

我加入青年突击队后，第一次执行的突击任务是“撑泥”。

人人争做第一个开工“撑泥”的人

撑泥每个人都要参与。

力气大的男青年在绞关、绞艇或者铲泥，河涌铲泥几百斤一铲，两铲就一艇，都是定量的。像我一样的女青年就帮

忙撑泥。

凌晨四点多钟，青年突击队队员们纷纷起床开工，人人争做第一个开工“撑泥”的人。

撑泥得第一的人会拿一面旗子放在艇头，我拿过好多次第一，心里很欢喜，很高兴。当时，撑多一艇就多一艇的工分，大家像比赛一样你追我赶，干活的积极性也高，往往撑了几艇天才亮。

天未亮看不到光时，我们就点上大盏的汽油灯挂在绞口处，接着从河涌那边铲泥到小艇上，然后通过“绞关”将小艇绞进围拢里去。小艇撑往禾田，田里隔一段距离插一根竹竿，形成一个个船位。找准位子依次停好小艇后，我们将泥倒入田里，接着又撑回去继续装泥，不停歇地干。

凌晨四点起床，下午六七点才收工，青年突击队队员们从不抱怨辛苦。一艇泥七百多斤，我们一天可以撑六七十艇，算下来每天大约撑几万斤泥，工作量很大。

青年突击队队员顶呱呱，碰到石头当蔗渣

入泥要由年尾入到正月尾，时间比较长，干的活也多。但当时生产队的气氛活跃，晚上收工后生产队会组织大家参加一些唱歌跳舞的娱乐活动，平淡但不失趣味。

我记得当时农田里有很多白翼仔（三化螟），它们喜欢啃食禾苗。到了晚上，撑泥之前，青年突击队队员每人找一个盆子，排成一列放到稻田的田埂上，里面盛放半盆清水和一块砖头，煤油灯点燃后放在砖头上，俗称点“火水灯”。白翼仔寻着光亮飞过来，掉进水里。

春天入泥天气很冷，艇仔上的积雪（实为“霰”）厚度有

十多厘米，我们双手冻得红扑扑，刺痛到连撑艇的竹竿都抓不住。直到这个时候，我们才会暂停一下，去做其他的事情。

正月是下秧的时节，但本地的禾田都是咸水，会泡坏秧苗。于是，我们青年突击队队员每年轮流去黄圃下秧，每次去七八个队员，我也去过。

当时流行一句话："青年突击队队员顶呱呱，碰到石头当蔗渣，落雨当冲凉。"年轻人没家庭负担，有什么吃苦的任务都冲在前面。一个生产队几百亩禾田，下秧苗的任务很繁重。二十几天后，等下好秧了，要把秧苗再拔下来用船搬回来插进禾田。

我们在黄圃借用别人的鱼塘，抽干水后下秧。为防雨雪伤苗，下了谷种后都要盖上透明塑料布，等秧苗长到大约5厘米左右就揭开。之后还要对秧苗进行喷药、施肥、捉禾虫，很多事情要忙活。

遇到雨水多的时候，庄稼地里的秧苗会被大量的水浸泡。突击队队员们冒雨拿着桶，将田里的水泼去水沟里，一趟又一趟，防止雨水浸泡后导致烂秧或死苗。我们身上穿的雨衣同盖在秧苗上的胶纸都是用一样的材料做成的，像保护自己一样保护秧苗。

当时，青年突击队队员们借住在老乡家里，摊块板在厨房打地铺，一个厨房可以住好多人。我们自己带锅煲饭，半夜饿了回到住处就自己炒饭吃。

后来，由于在青年突击队做工作做得好，我在党员带动下入了团，工作积极性更高了。晚上突击种番薯、忍着严寒用禾秆盖住苗、下大雨去田里排水。……夜晚做事或者执行一些突击任务时没有报酬，但当时年轻人很单纯、从不斤斤计较。

我们都跟着党走、听党话，一棵菜都不会偷，一次架也不会吵。聚在一起时有说有笑，干起活来团结有力，那是一段非常快乐的时光。

现在，我常常跟儿孙们讲起我以前做突击队队员的事。虽然时代不同了，但我相信青年突击队队员的精神永远不会过时。

采写时间：2022年4月

文字整理：陈利城　杨慧荣

林带胜：别人不愿意做的艰难事，突击队队员争着去做

林带胜，原新平乡第九农业生产合作社青年突击队队员（卢子衡　摄）

2022年，我已80多岁了，参加青年突击队时我才14岁左右。那时，队员们白天辛苦地干农活，晚上有文化的队员们会一起唱歌、跳舞，很是热闹。我很感兴趣，就主动申请加入了青年突击队，一直到18岁我去参军才结束突击队的工作。

突击队就是要起带头作用，别人不愿意做的艰难事，青年突击队队员争着去做。

社员都说我们很积极、很活跃，不怕困难。回忆那段时间，大家一起干活，很充实、很快乐，我从不觉得辛苦。

以前民众镇地势低洼，台风暴雨来临时，农田就会被水淹。突击队队员们都要去“撑泥”，就是挖河泥去填充农田，减少水淹的威胁。肥沃的河泥还可以用作秧苗的肥料，提高农田肥力。

天气炎热的时节，运泥路上没有树木遮阴，烈日当头非常晒。我们在河涌和农田之间挖了两条小道。队员们划着小艇去河涌挖泥，挖好泥后，岸上会有几个队员踩着水车一样的装置，用绳拉动着载满河泥的小艇从河涌出来，通过一条小道去到田里倒泥。倒完泥的空小艇又从另一条小道回来，重新到河涌这边继续挖泥，小艇就这样一进一出来回撑泥。

为了保护禾苗，每天晚上我们都会去点灯。就是用一个盆子装好水，里面放一块砖头，再把煤油灯放上去，水里滴几滴煤油下去。煤油有粘力，那些白翼仔（三化螟）被灯光吸引过来，碰到水就飞不上来。消灭了白翼仔，禾苗就长起来了。

下半年，村里的农田遇到咸潮，咸水不利于禾苗生长，我们被安排去外面育苗。我去过南沙、坦洲等地育苗，等那边禾苗育好后再运回来。天气寒冷的时候，我们也种过番薯、甘蔗等农作物，种这些要起早贪黑，做好剥皮之类的准备工作。

突击工作是不定时的，有什么任务我们就做什么任务。有时，我们凌晨四五点就起床开始干活，晚上八九点才回家。突击队队员们一般比普通社员更早到田里干农活，大家一边干活一边唱歌："青年突击队顶呱呱，碰到石头当蔗渣，落雨当雾水，吹风落雨也不怕。"年轻人不怕艰苦，哪怕手上全是伤口，突击队也从来没有人退缩。

采写时间：2022年4月

文字整理：廖冰莹　杨慧荣　翟凯欣

凌志坤：新平乡青年突击队的亲历、亲见、亲闻回顾

凌志坤，原中山县人民政府农建科植保专业
技术人员，曾在新平乡工作（资料图片）

我是一名年已80的退休党员干部。

1952年2月，我从家乡广东梅县考入省农林水利技术训练班，在中山大学农学院植物保护专业学习结业，次年2月分配到中山县人民政府农建科任职，是当年全县仅有的一名植保专业技术人员。

随后几年，我长驻在原十区新平乡做农业技术推广工作。在此期间，我参与过新平乡农业生产合作社青年突击队的发动、组建，指导青年突击队队员学习推广农业技术和各项农事活动，可以说是一名编外青年突击队队员，是当年青年突击队的亲历、亲见、亲闻者。

回顾过去的经历，我思绪万千，感触良多。

新平乡第九农业生产合作社青年突击队成立起来后，就以艰苦奋斗的精神投入各项农业生产活动中去，成立了备耕入泥突击队、春播插秧突击队、抗击各种自然灾害的突击队，

并取得了显著成绩，最突出的是参加冬春备耕入泥的苦干实干的行动。

所谓备耕入泥，就是在围外河涌用两条中型木船扎搭起简易流动挖泥船。该船中间搭建一个3人踩踏的绞泥架，船旁用“标榜”(“标榜”，是沙田地区木制的长条形生产工具，既可作挖渠时的泥砖推运，也可铺在入泥的流动挖泥船旁，供行人使用）铺设行人道。

利用每天涨潮可用的有限时间，挖泥手抓住连着“维也”(“维也”，是指钢丝绳，安装在流动绞泥船和围堤的拉艇架上，用于入泥时泥篸挖淤泥和拉动泥艇跨越围基缺口）的特制泥篸，在船头直插河底，挖取淤泥，倒放在泥艇仔内。然后跨过专辟的临时围堤缺口，由艇把泥块撑运到围内禾田做基肥和平整土地之用。

卸完淤泥后，空艇仔由原围堤缺口返回围外挖泥船处候运。由于围堤缺口不能开得过大，加上每天潮起潮落，围内外水位相差很大。因此，进出围堤缺口的泥艇均由架设在围堤缺口旁边的两人踩踏绞泥架，通过“维也”的拉动进出。满载淤泥的泥艇，跨过围堤缺口，由于坡度大、冲力大，泥艇到达围内水面后，水花四处，一杆起撑，快速前进，颇为壮观。若有失控，则容易湿身跌倒或翻艇。

这个“撑泥”工种，尤其适合轻身灵活的女青年，她们很快上手成为入泥、撑泥能手。

由于备耕入泥是沙田地区当年最有效的增产措施，新平乡第九农业生产合作社社委决定，计划入泥700亩，占禾田总面积近9成。每亩入85艇，共需挖河涌淤泥59500艇，约100万公斤，平均每亩近1.5万公斤。

面对这一艰巨的生产任务，有些社员思想不通，说“冬春天气寒冷，入泥湿手湿脚，腰酸骨痛，还会撑烂手掌，即使有金可捡也不想干”。在这种思想下，全社第一天参加入泥的社员只有30多人，入泥400艇，仅完成计划任务的50%。

面对这种情况，青年突击队队长梁碧南勇挑重担，向社委提出带领青年突击队和社员群众坚决完成入泥计划任务。于是，他每天一早扛着青年突击队队旗，率领突击队泥艇员投身入泥战斗，苦干实干拼命干。有些突击队队员还唱起了嘹亮的咸水歌，鼓劲助兴。

好一个热情积极的劳动场面！那种生气和活力，很快带动了越来越多的社员参加备耕入泥行动。

4个日夜奋战：在26亩地播完500多公斤谷种

与此同时，突击队队员们还想方设法提高入泥效率，创造了“倒缩取泥”的先进办法，青年突击队入泥效率从每天280艇次增加到410艇次。这一方法在全社推广后，全社入泥效率从平均每天最高纪录660艇次增加到1030艇次，使全社在80天内如期完成了入泥计划任务，为夺取水稻高产打下了良好的基础。

青年突击队在抗旱防咸、借地育秧方面的苦干实干精神也很突出。当年春季，新平乡遭到历史罕见的干旱，直至清明时节咸潮还未退，这种情况下无法播种育秧。为了解决这个紧急难题，社委决定到40公里以外的邻区东隆乡（那里没有咸潮为害）借地育秧。

这一措施一经提出，便遭到一部分社员的反对，有人说：“天无绝人之路，很快会下雨的，用不着到遥远的淡水地方借地育秧，浪费人力财力。”有人说：“即使到东隆乡借地播种，育成了秧苗，也没有多少人愿意去拔秧运回来插植。”

面对这种情况，青年突击队积极响应社委的号召，组成了一个由有经验的农民带领10多个青年组成的突击小组前往东隆乡借地育秧。

经过连续4天日夜奋战，突击队在26亩秧地播下了500多公斤谷种。半个月后，秧苗长得青绿粗壮，而这时新平乡的咸潮仍未退。正是由于借地育了26亩秧苗，全社基本按季节要求完成了育秧任务。

敢于创新创下水稻高产纪录

除此之外，在其他的农事活动中，青年突击队队员也表现出色，受到了群众的好评。新平乡第九农业生产合作社青年突击队成员年龄一般在20出头，他们思想单纯，渴望学习文化科学技术，努力成为有用之人。

因此，驻在该乡县区的几名农业技术干部自然成了帮教他们的老师。通过举办技术夜校，召开生产现场会议，种植试验田等办法，技术干部向青年突击队队员和社员群众传授改革水稻耕种技术，实行单造改双造，间作改连作，翻耕密植，加强田间管理以及防治各种自然灾害，并收到了良好的成效。

主要表现为如下两点：

一是改革耕作制度，实行间作改连作，合理密植。新中国成立前，新平乡水稻生产基本上实行双季间作制，即早造插秧后，禾苗长至旺盛时，把晚造秧苗间插在行距之间，一般为24寸×24寸、26寸×26寸、28寸×28寸，早晚两造行距间隔很宽，插植棵数不多。

因此，要提高水稻产量，首先要改革这一落后的耕作制度，实行单造改双造，间作改连作，进行合理密植。

所谓“挣稿改翻耕”“双龙出海”，是指水稻实行双季间作制，即早造大田禾苗长至茂盛时，在行距之间插上晚造秧苗，同时生长。早造成熟收割后，留下晚造秧苗继续生长，至秋末冬初成熟时收获。翻耕密植是对水稻实行早晚双季连作制的俗称，大大提高了插秧密度，增加了复种指数，可有效提高水稻单位面积产量。增加插植棵数，插秧密度一般为8寸×8寸、9寸×9寸、10寸×10寸。

这是新平乡实现合作化后首先狠抓的一项重要增产措施。

对此，有些社员群众存有思想抵触，说什么“水稻翻耕密植，插得密密实实，不通风透气，会有禾无谷，日后社员没饭吃谁来负责”。有人说“参加入泥、撑泥已损手烂脚，周身骨痛，现在又搞什么翻耕密植，更加辛苦，早知这样不如不入合作社了”。

面对社员的这种抵触思想，青年突击队队员把自己在技术夜校和参加生产会议学到的改革耕作制度，实行翻耕密植的技术知识向社员群众宣传讲解，还通过算细账，讲明翻耕密植的道理和好处。与此同时，队员们起早贪黑，带动社员搞翻耕密植，保证按规格、按质量插植，增加插秧密度，并涌现了一批插得快、插得好的插秧能手，确保了全社700亩翻耕密植按季节按质量完成任务。

二是抓好防治水稻病虫害。新平乡是水稻“两虫一病”（三化螟、稻飞虱、稻瘟病）的严重受害区，所种植水稻出现大量的枯心苗和白穗，影响水稻产量提高。对此，有些社员思想迷信保守，怨天怨地，说“禾苗无虫，天上无龙。虫是天生自灭的，一场风雨过后就会死掉，不用担心”。我作为驻社的植保专业技术人员，自然要承担起向社员群众讲授技术知识、组织发动防治行动的责任。

于是，我晚上拿着三化螟虫和受害禾苗等标本，通过技术夜校和有关生产会议，向大家宣讲三化螟发生规律和防治办法；白天深入田间同青年突击队队员和社员群众一起参加劳动，指导开展防治工作。特别抓紧清明前后第一代三化螟蛾盛发期，连续7个晚上在入夜前组织发动社员点燃了100多盏煤油灯诱杀三化螟蛾，收到了良好的杀虫效果。

当年，新平乡“万家灯火灭螟蛾”夺取水稻丰收的新闻，还在《南方日报》进行了报道，引起了大家的关注。紧接着，我们又抓紧早造苗秧期组织开展喷杀666，把第一代三化螟虫消灭在幼龄期，防止和减少扩散到大田继续为害禾苗变成白穗，以确保水稻丰收；另外，还组织了突击队队员和社员群众一起出动，用煤油水泼杀稻飞虱，效果同样显著。

以上事实充分表明，青年突击队在学习农业科学技术中表现最为积极、最少保守思想，并取得好的成效。还有一些青年突击队队员成为技术的好手和能手。正是由于青年突击队队员积极学习和带头推广先进农业技术，水稻单位面积产量大大提高了，还出现了亩产超千斤的丰产田，创造了水稻高产的纪录。

坚持依靠党的领导，充分发挥青年团作用

新平乡第九农业生产合作社青年突击队成立短短一年间，能以青春热血谱写出一曲时代赞歌，究其原因主要有三：

一是党的正确领导。该社青年突击队是由新平乡党支部

发动组建起来的，并把它作为承担社里艰难险重任务的重要力量来抓，使其成为带动社员群众发展生产的一支强大力量，确保了全社备耕入泥改革耕作制度、推行翻耕密植、科学田间管理以及战胜各种自然灾害等各项任务的完成和超额完成。

二是充分发挥青年团组织的作用。该社青年突击队是由青年团小组发起以团员为骨干的生力军，他们在开展生产活动中时而集中、时而分散，集中与分散相结合，起到了带头骨干作用。特别在备耕入泥、借地育秧、抗御自然灾害等急、危、险生产任务不怕苦、不怕累，坚决完成了社委交给的任务，受到了社委和社员的好评。

三是锻炼培养了一批青年骨干。该社青年突击队经过党的不断培养教育、生产的艰苦锻炼、科学技术知识学习与实践，思想上有了很大的进步，劳动技能显著提高。他们有人参加了共青团组织，成为青年先进分子；有人成为社队骨干，担任了领导职务。公社化后，新平乡分成新平一、新平二、新平三、新平四4支大队，这些大队的党支部书记、大队长及生产队队长不少是当年青年突击队的成员。其中新平一大队党支部书记卢顺娣就是当年第九农业生产合作社突击队第二任突击队长。

因此，坚持听从党的领导，充分发挥青年团的作用，是新平乡第九农业生产合作社青年突击队茁壮成长的根本保障。

（本文整理自凌志坤《发扬青年突击队精神，续写时代新篇章——新平乡青年突击队的亲历亲见亲闻回顾与思考》，载《中山党史》2014年第4期。）

李正思：青年对知识的渴望很强烈

李正思，原新平乡知青，现任中山市公共文化促进会会长（苑世敏　摄）

我是1968届的知青。当时新平乡分新平一、新平二、新平三、新平四4支大队。1968年10月，我下乡来到中山县新平乡新平二大队。

毛泽东主席的按语是写给新平乡第九农业生产合作社青年突击队的，也就是新平一大队。当时我还不到20岁，正值青年。新平一大队就在我下乡地方的河对面，刚好隔河相望。

年轻人确实在每一个时代都发挥着一种“突击队”的作用。那么，当年新平乡为什么要发挥青年的作用呢？这个问题，是我了解青年突击队的一个起点。

当时，民众镇是“大沙田”地区，面积大、土地多，基本上以种水稻为主，与中山北部的东凤、南头等镇街以种植经济作物为主不同。

种水稻，应该是在农活中最辛苦的耕作方式。当时，我们长期是早上4点钟就开工，经常做到天黑才回家。由于土地多，耕地距离居住地比较远，我们那时候经常要走一个小时的路才能到达偏远的耕地干农活。

因为耕地多、工作量大、工作辛苦，所以必须要以青年劳动力为主，在这个过程里很自然形成了青年打头阵、做先锋的工作环境。

1968年，也就是毛泽东主席批写“四最”按语十多年后，我记得那时候墙上仍然到处贴着学习“四最”宣传标语，我们文艺宣传队也有这方面的节目，节目里就打着“四最青年突击队”的旗帜。我作为文艺宣传队的一员，也写过一首《四最青年之歌》，具体内容已经不记得了。

当时就是“既要做农活，又要搞宣传”，有时候做完农活就赶忙拿起道具去周边各个村庄演出，有一次演完回家已经凌晨4点了，但早上还是要按时去地里劳作。年轻人，不觉得累。

我1975年返回中山城区，下乡前后的7年时间里，我什么农活都要学会，也都做过，当时还不到20岁，年轻、不怕苦、有气力。

当时的年轻人对知识的渴望是很强烈的。那时候，我们住在茅草屋里，地面是泥地，一下雨在屋里都会滑倒。环境好的话还有一盏电灯，不好的话只是有一个煤油灯，但这样的生活环境下，我们还是喜欢看书，忙完农活继续看书。

因为我一直对文化有兴趣，对文艺创作有兴趣，大量的文艺作品也是在这样的环境中创作出来的。我还在农村的时候就已经是中山县重点文艺作者了。

现在条件好太多了，希望青年们要珍惜新时代，进一步弘扬“四最”按语的精神内涵，提高文化素质，加强文化内涵，对中国文化、本土文化有更深刻的认识，真正沉下心去看些书。

采写时间：2022年4月

文字整理：苑世敏

（二）见证者说

时光流逝，精神永续。新平乡青年突击队的队员们已经老去，但是他们的奋斗精神始终激励着后人。

在过去的六七十年里，有人从父辈口中铭记突击队的往事，有人收集整理史料研究其中的精神内涵，有人收集老物件领会、传承先辈精神……一大批接近新平乡青年突击队的人，自发而默契地担当起那段历史的“文化研究员”，共同组建起一支弘扬“四最”按语精神内涵的“宣传队”。他们是历史的见证者，也是时代的记录者。

蒋振炎：我眼中的青年突击队队长梁碧南

蒋振炎，中山市民众街道文联副主席（中山市人民政府民众街道办事处供图）

梁碧南，1929年出生于新平一村三围的一个农民家庭，由于家境贫穷，他从小失学去做粗重农活。

新中国成立后，梁碧南已成长为青年，由于他思想进步，劳动积极肯干，被选为村里的团小组长。

1954年初春，他所在的三围小村成立合作社（新平乡第九农业生产合作社）。遇上久旱未雨，社里的农田因水位低而受到咸潮侵袭。为了增加农田肥力，又能抬高田地，此时最紧迫的任务是“入泥”，就是大寒至春分的80天内完成60000艇河泥运到稻田里摊散的任务。这个任务相当艰巨，都是由青年社员来干。但社里每天出工的只有30人左右，难以完成任务。于是，陈诗博向社委提议，以团小组为核心，组建一支青年突击队，这一提议得到社委的支持。于是，1954年冬天，这支青年突击队正式成立，全队24人（后来发展至36人），年龄最大的24岁，最小的仅13岁，梁碧南被推选为队长。

在梁碧南的带领下，队员们接受了入泥任务，带头吃苦在前，使社里的青年深受感动，也积极参加入泥劳动。除此以外，他组织开展劳动竞赛，每天统计入泥量，数量最多的插上红旗，第二名的插上黄旗。为了夺红旗，青年们早上4时就开工，中午随便吃几口饭，接着干到入黑才收工。形成你追我赶的入泥劳动热潮，最后超额完成任务。

当时农业的重点是发展粮食生产。他所在的合作社的粮食生产，以种植水稻为主。所以如何提高水稻产量，是社里要解决的大问题。为此，在往后的生产劳动中，梁碧南与队员们一起配合社委，花了不少心血，创出很多好方法。

当地育秧容易受咸潮侵害，梁碧南主动向社委请缨，组织队员到40里外没有咸潮侵袭的东隆乡（今属广州番禺区）借田播种育秧，在当地有经验的农民的帮助下，队员们育出了肥壮秧苗，学到了经验，解决了社里缺秧的问题，完成了插秧工作，并总结出“座马沉腰，低手退步”的插秧方法。

当秧苗出现虫害，梁碧南立即组织队员学习防虫知识，研究对策。当时农药缺乏，就想出土办法，即用灯光诱杀，并用花生油与煤油，或用糖醋加少量敌百虫农药喷杀，甚至放水鸭群到秧田食虫。经过试验，效果较好，于是队员们利用晚上的时间，逐家逐户进行宣传防虫知识，使全体社员行动起来，把虫害扑灭在高峰期之前，保证秧苗的正常生长。

他们还想出用白蚬、蟛蜞积肥增产的方法等。

一次天降暴雨，70多亩秧苗遭淹没，当时没有排水机械，梁碧南带领队员用手挖开挡水堤，并用水桶把积水排干净，突击苦战一天一夜，使生产免遭损失。在改革耕作制度上，他与队员坚决支持社里的做法，就是水稻改翻耕，变一年一造为两造（早造水稻和晚造水稻），并且合理密植。这年，由于青年突击队在水稻生产中处处起到带头突击的作用，水稻年产从300斤提高到700斤，取得了粮食生产大丰收。

这年秋收后，合作社划出一些高田来集体种植农作物，比如蔬菜之类，以解决社员生活问题。梁碧南向社委要求划70多亩地给青年突击队，用来种植番薯，以作社员杂粮的补给。按传统经验，冬种番薯必定九死一生，因为番薯苗在过冬时容易冻坏，加上冬天还会出现霜冻和冰雹的恶劣天气。但他和队员们进行反季节的种植试验：为插下的番薯苗铺上一层干稻草，以防冻伤，队员们风趣地说是“盖被子”。经过精心管理，番薯苗不但生长起来，到后来也有收成，社员们称之为“奇迹”。

自青年突击队成立以来，梁碧南还做了两件事，一是开办青年夜校，因为社里的青年，包括他自己在内，多是因为不识字，深感对工作生活不利，所以梁碧南认为利用农闲夜晚来学文化是很有必要的。于是，就请驻村工作队干部当教员，突击队队员带头参加，其他青年也响应。这样一来，全社青年的文化水平得到提高。二是组织青年开展文体活动，因为当年青年的工作条件很差，他们除了下地劳动，回家吃完饭就是睡觉，一觉醒来又下地劳动，如此循环往复，十分单调。因此，要激发活力，有必要开展一些文体活动，但活动需要场地，于是梁碧南向社委要来一块地，并发动队员每人捐助20斤稻谷，并转卖成钱建了一个简易的篮球场，说是球场，实则除了打篮球之外，还可以用来跳绳、拔河、踢毽子等，晚上还可以作为唱歌、跳舞的场地，有时，还举办一些文体活动。有了文体活动，青年们有了学习交流的机会，从此生活不再平淡如水，队员们更加团结快乐，干起活来也精神百倍。

梁碧南带领下的青年突击队，在一年多的工作中，做出了非凡的成绩，得到了乡社的表彰。社员们看在眼里，爱在心上。1955年5月，共青团粤中区工委在佛山召开首届青年代表大会，梁碧南出席大会并作了汇报发言，因他识字不多，没有讲稿，仅凭自己的经历和感受娓娓道来，感动了与会的领导和青年代表。后来，上级派人为他的突击队进行经验总结并写成文章，题为《中山县新平乡第九农业生产合作社的青年突击队》。同年9月，毛泽东主席阅读了这篇总结后，写下了按语："这一篇很好，可作各地参考。青年是整个社会力量中的一部分最积极最有生气的力量。他们最肯学习，最少保守思想，在社会主义时代尤其是这样……"人们称这个按语为"四最"按语。时至今日，毛泽东主席"四最"按语仍然熠熠生辉，梁碧南的青年突击队事迹仍然激励今人。

搜集时间：2015年

整理编写：蒋振炎

本篇摘自《民众风物》故事篇•人物第110页

卢仲明：旧农具承载着青年突击队的不朽精神

卢仲明，民众街道农耕文化研学基地负责人（卢子衡　摄）

我是1961年出生的，我参加劳动时差不多已经改革开放了。1985年，我在新平街开了个五金店，业余喜欢收藏民众本土的生产工具、生活工具，其中有一些是青年突击队常用的、比较典型的劳动工具，比如犁、耙、农艇、泥锹、打禾桶、打禾机等。

传承一样东西，需要先了解它的用途和功能，才能跟后代解释来龙去脉，才让他们明白物件的用处和出处。

打禾桶是用来打谷的木桶，里面有个打禾梯，抓着禾秆往禾梯上打，手工达到稻谷脱粒的目的。打禾桶在收割的时候用来打禾，农闲时就用来扒禾桶比赛，当做娱乐节目，家家户户都有禾桶。民众扒禾桶现已成为市级非物质文化遗产项目。

我收集的农具有些是我们家里用过的，有些是农具机械化后农户不用了的，有些是别人放在家里没用我便宜收购的，那些生活用品都可以反映他们当时的生活。

我父亲做木匠几十年，虽然不是突击队队员，但是也执行过不少突击劳动任务，并且不计报酬。犁、耙、打禾桶、风机这些大部分是农具厂统一做的，比较讲究尺寸、比例，尺寸不对不方便使用，坏了以后新平木场就帮忙维修，我父亲是木场的员工，就帮他们维修，也做一些小的农具。

那个年代，大家都靠木水车排水灌溉，河里面弄进去一个木水车，用松木做成一个方形的管道，河里水多的时候就排进田里，田里水多的时候就排出来。水压大的时候，木水车会爆开，将水田淹掉，出现故障时我父亲就要去排除。碰上农忙季节，我父亲和他的堂兄弟在夜晚也要去抢修。

春耕入泥也是大型的劳动项目，很多泥艇、绞关那些工具经常在田里坏了，都是我的父辈去现场维修的。

那时候入泥劳动强度比较大，我也经历过很短一段时间。以往我们父辈割禾劳动时间长强度大，容易低血糖，我们经常身上带着一点甘蔗片糖开工，一收工赶快吃点蔗糖，就可以顶着饥饿继续工作。在农忙的时候生产队也会煮些白粥、凉茶出来，供社员休息的时候补充能量。

那个年代每个大队都有青年突击队。收队以后，如果有重大任务，要赶时间的，就去突击，夜晚拉着电灯去赶工，也就是现在说的加班。白天干活是有工分的，晚上做突击任务是没有工分的。我们那个时候种甘蔗要敲泥坑，夜里点着一千瓦的电灯，加班后煮碗糯米饭给我们吃，不计报酬。

早上4点钟，突击队队员和村民们就起床，拿个竹竿去拔秧，将马灯、风灯、洋油灯挂在那里，有微光就可以了。天一亮就去插秧。入泥也是4点钟就要去了，我们有些水田不在本地，在外村，路上也要花费不少时间。

我是1961年出生，青年突击队在50年代突击任务比较多，我十多岁的时候还看到有突击队队员出任务。也听自己的父亲说过，我们生产队效率比较高，劳动力比较多，其他生产队、其他乡效率比较低的，我们的青年突击队会去支援他们。

现在生活好了，用起很多机器、电器得心应手，不知道以前是怎样辛苦劳作。古老的农具也是回味青年突击队“四最”按语精神内涵的载体，操作那些工具需要耗费很大的体力，青年突击队靠那些工具脚踏实地、不畏艰难苦干，才开创了美好的生活。

采写时间：2022年4月

文字整理：陈利城　杨慧荣　何伟楠

卢本仪：慢悠悠的人做不了突击队队员

卢本仪，原新平乡第九农业生产合作社社员（卢子衡　摄）

在1956年，我小学毕业了。由于没钱去读中学，我就跟着爸妈参加了半年劳动，从那时起对青年突击队有了较深刻的印象。

那时候，我们晚上和青年突击队队员一起拿着镰刀去割稻谷，用打禾桶人工打禾脱粒。我记得打禾桶是一个原始的圆桶，里面有一个跟人行梯一样带木齿的禾梯。

晚稻收完稻谷以后，用牛犁将泥土翻过来，晒到六七成干后，我们小孩就把泥捡起来，堆成一条，然后重新再犁一遍，这就是执深耕。

“今晚去做什么？”

“去执深耕。”

晚上我们和青年突击队一起劳作，经常执深耕到十一二点。那个时候没有化肥，全部都靠深耕土地后，再经过太阳氧化来增加一点养分，每年冬天开始后，深耕晒好了，放水进去再把农艇架起来，用木柄长6米的大泥铲入泥。

青年突击队干活有种冲锋陷阵的气势。一个团队去突击一个任务，要有这样的气势才可能成功的。突击队队员都是年轻力壮、有魄力，走路一步十公分的人，动作慢悠悠的人，是不可能进突击队的。

采写时间：2022年4月

文字整理：陈利城　杨慧荣　何伟楠

谭君庭：在各个岗位比武，争当“新长征突击手”

谭君庭，时任共青团原中山县委副书记（资料图片）

1966年，县团委选了我去中央团校参加团中央第十五次学业培训。同年2月份，我到了团中央学习，10月份，“文化大革命”开始之后，我就停止了团的工作，回到了中山。

到1972年重建团委的时候，县团委继续要我留任工作。实际上，从第八届至第十一届，我都在团委工作，一直到1983年。

1976年之后，发扬青年突击队精神成为我们中山青年工作的一个重点。我们重点在新平乡试点学习青年突击队的光荣队史，来推进中山全县学习青年突击队的工作，更好地发挥青年在社会主义建设中的作用。

当时条件比较艰苦，物质条件比较缺乏，科学水平不高。主要有两个方面的工作，一个是开展“创高产”，因为农作物产量低，要争创高产田，甘蔗、水稻都开发高产试验田，各个团支部都要有高产试验田，先摸索经验，再推广到全社会。第二个是改造低产田，因为生产条件比较差，要想方设法改造提高产量，将低产田改造为高产田。这是农业生产上需要克服的两大困难。

当时为学习青年突击队精神，我们就号召在各个工作岗位上的青年开展“比武”，争创一流成绩。开展“新长征突击手”的培养工作，“抓革命促生产”成为共青团这段时间的重点工作，进行青年“比武”，进行填海造田，进行科学实验，培育高产新种，在岗位上创一流成绩，中山青年争当“新长征突击手”。

在农业生产方面，中山各级团组织发动青年开展插秧等“比武”，看谁速度最快、质量最好；在工业生产方面，以“高产低消耗”为标准，树立“产量最高、质量最好”的正面典型。

比如种甘蔗，他们钻研怎样培育高产甘蔗；耕作上，钻研怎么培育高产水稻，当时各个公社还多次举行各类比赛，选拔各个公社的劳动能手，再集中开展比武，营造“个个争当劳动能手”的氛围。通过评比，团委会表彰了一批在各个岗位上的“新长征突击手”。

采写时间：2022年4月

文字整理：陈利城

周锡俊：带着新平乡年轻人去广州农讲所了解“四最”按语

周锡俊，时任共青团原中山县委副书记（资料图片）

1975年，我被调到共青团中山县委，在团县委一共工作8年多的时间。回顾这段时间，有很多美好的回忆，最难忘是在新平乡的两年时间，也就是毛泽东主席“四最”按语称赞的地方。那里有团县委设的一个点。当时，我的主要任务是扶持当地集体经济，帮助青年突击队继续发扬“四最”按语的精神内涵。

“四最”按语，是毛泽东主席于1955年批写的，那时候已经过去20多年。很多年轻人只是听过，没有见过。我告诉他们，毛泽东主席的按语在广州的农民运动讲习所有展示，那边就有图片记录。当时，新平乡的青年人提出，想去广州农讲所看看。

那时，从农村去广州这样的省城比较难，从民众镇过去没有交通工具。我想了很久，要带领年轻人发扬当年青年突击队的精神，只要想办法没有什么是不行的。百闻不如一见。当年，从中山去广州的船票要3块钱一张，占我们工资的五分之一，当时学徒工资是15块钱，农民是工分制的，不可能来回花6块钱买船票。

我和大队干部商量，让想去广州的人报名，结果一下子就有220多人报名。我们想到当年大队有一艘水泥船，主要是装化肥等货物的，满打满算也只能装二三十人。于是，新平乡的书记又去隔壁大队借了一艘船，计划把220多个青年载过去。

我先去广州的仲恺农校，找了四间大课室，独自把课室卫生打扫干净。等大部队从广州大沙头码头上岸，到了课室就一起打地铺。以往从石岐去广州，是晚上6点开船，第二天早上4点到达，全程大概10个小时，不像现在从中山去广州这样快捷方便。

我们220多人在大沙头码头上岸时，码头的治安维护员看到后很紧张，问我们是什么人，来广州做什么。我们就拿出证明，说明是合法来广州学习的。我们拿着中山县新平乡的旗排了长长的队，走了30分钟去讲习所参观，我们一行人戴着渔民帽，穿着大披衫的农民扮像，广州市民看到我们都很疑惑，当看到我们的旗子时，才知道我们是来自中山县新平乡。

我们到了农讲所参观，亲眼看到了毛泽东主席按语的照片，感到非常振奋。当时大家乘坐的泥船是没有座位的，站在船上比较辛苦，下船后，大家还一路走到讲习所，一个个累得坐在讲习所地板上，听讲解员讲解。晚上5点，我们又要步行回到大沙头码头一起搭船回去。

这次活动，去的时候没什么问题，回来的时候就遇到了麻烦——船搁浅了。当时，工作队的几个同事一起下去推水泥船，但推不动。一直等到晚上涨潮，我们才重新启动了船，回到新平乡的时候已经是晚上10点多。

回想起来，这次出行有苦有甜。虽然辛苦一些，但是带青年们去参加这样一次活动，真正了解了毛泽东主席“四最”按语的历史，是圆了青年们的一个梦。大家参观了之后，也都觉得非常荣幸，备受激励。

毛泽东主席的“四最”按语和青年突击队的精神，在新平乡、中山持续推广开来，对于我们中山共青团工作也是一种很大的鼓励和推动。

采写时间：2022年4月

文字整理：廖冰莹